孙扎根副局长会见UPOV副秘书长Peter Button

2013年4月21日中央电视台绿色时空栏目播出《林业知识产权成果显著》专题新闻片

第八届中国花卉产业论坛（主题：加强花卉品种创新，建设美丽中国）

第八届中国花卉博览会开幕式上为品种权人颁发《植物新品种权证书》

UPOV测试及分子技术会议

UPOV测试及分子技术会议

UPOV官员、欧盟和亚洲国家植物新品种保护专家到中国林业科学研究院访问交流

UPOV官员、欧盟和亚洲国家植物新品种保护专家参观国家林业局植物新品种分子测定实验室

UPOV官员、欧盟和亚洲国家植物新品种保护专家访问中国林业科学研究院

林业植物新品种保护管理培训班

全国林业知识产权发展规划（2013～2020年）专家评审会

2013两岸植物品种权工作组会议

植物新品种测试中心华北分中心建设项目竣工验收会

林业知识产权培训班

林业植物新品种保护管理培训班

林业知识产权培训班学员考察珠海农科园

赴浙江森禾种业股份有限公司余杭基地调研

赴宁夏林业研究所股份有限公司北京森淼种业基地调研

户外高耐竹材专利技术产业化应用

平衡根系轻基质容器育苗专利技术产业化应用

“朝霞”、“赤霞”油茶授权品种转化应用试点

“玫玉”、“小粉玉”茶花授权新品种转化应用试点

生物质内循环锥形流化床气化工艺及设备获第十五届中国专利优秀奖

利用杨木加工剩余物制取文化用纸配抄用漂白化机浆的方法获第十五届中国专利优秀奖

专家对上海植物园申请的“垂枝粉玉”茶花新品种进行实地审查

中国林业植物授权新品种2012

专家对中国林业科学研究院林业研究所申请的“中成4号”杨树新品种进行实地审查

专家对河南农业大学申请的“白四泡桐1号”新品种进行实地审查

专家对中南林业科技大学申请的“中林含笑”新品种进行实地审查

专家对中国科学院华南植物园申请的“玉壶含笑”新品种进行实地审查

林业专利分析报告专家论证会

世界林业专利技术现状与发展趋势

纲要实施五周年林业专题主页

中国林业知识产权网主页

“天山祥云”月季授权品种转让

“红如意石榴”授权品种转让

油茶遗传资源调查编目技术培训会

林业生物遗传资源获取与惠益分享贵州试点项目方案专家评审会

林木遗传资源保护专家座谈会

林业生物遗传资源获取与惠益分享贵州试点工作启动暨培训会

油茶遗传资源金华基地调查

油茶遗传资源陕西检查

油茶遗传资源浙江野外调查

油茶遗传资源重庆野外调查

中韩植物新品种保护合作洽谈

参加在马来西亚举办的第六届东亚植物新品种保护论坛

参加FAO森林遗传资源政府间技术工作组第二次会议

参加国际植物新品种保护联盟(UPOV)理事会第47次常规会议

厚芯实木复合板材技术2013年获美国专利授权

2006年获国家林业局植物新品种授权的“美人榆”2013年获美国植物专利授权

2012年获国家林业局植物新品种授权的“赤子之心”2013年获欧盟植物新品种授权

2013

Yearbook of China's Forestry Intellectual Property

中国林业知识产权年度报告

国家林业局科技发展中心
国家林业局知识产权研究中心 ▣编

中国林业出版社

图书在版编目(CIP)数据

2013中国林业知识产权年度报告 / 国家林业局科技发展中心，国家林业局知识产权研究中心编.
-- 北京 :中国林业出版社, 2014.4
ISBN 978-7-5038-7427-7

Ⅰ. ①2　Ⅱ. ①国　②国　Ⅲ. ①林业－知识产权－研究报告－中国－2013
Ⅳ. ①D923.404

中国版本图书馆CIP数据核字(2014)第064718号

中国林业出版社·自然保护图书出版中心
策划编辑：刘家玲
责任编辑：刘家玲　肖　静

出　版　中国林业出版社（100009 北京西城区德内大街刘海胡同 7 号）
网　址　http://lycb.forestry.gov.cn
电　话　(010) 83225836　83280498
发　行　中国林业出版社
印　刷　北京中科印刷有限公司
版　次　2014 年 4 月第 1 版
印　次　2014 年 4 月第 1 次
开　本　889mm × 1194mm　1/16
印　张　9
字　数　260 千字
定　价　38.00 元

编辑委员会

前 言

2013年国家林业局全力推进林业知识产权工作，提升自主创新能力，加快林业发展方式转变，提高林业核心竞争力，取得了显著成效。这一年，国家林业局发布了《中华人民共和国植物新品种保护名录(林业部分)（第五批）》和《全国林业知识产权事业发展规划（2013～2020年）》，组织实施了《2013年林业知识产权战略实施推进计划》，举办了UPOV测试及分子技术会议，开展了2013年全国林业知识产权宣传周系列活动，全面推进了油茶遗传资源调查编目工作，启动了第三批20家全国林业知识产权试点单位，实施了5项林业专利技术产业化推进项目，开展了林业授权植物新品种转化应用试点和林业生物遗传资源获取与惠益分享试点，举办了林业知识产权和植物新品种保护管理培训班，加强了林业植物新品种权行政执法工作。2013年，国家林业局植物新品种保护办公室共受理国内外植物新品种权申请177件，授予植物新品种权158

件。国家知识产权局专利数据库公开的林业相关专利共计25 940件，其中林业科研院所的专利公开量为562件，林业高等院校的专利公开量为1 915件，5项林业专利获得第十五届中国专利优秀奖。

为实施国家知识产权战略，全面推进林业知识产权工作，我们在认真回顾2013年度林业知识产权工作的基础上，组织编撰了《2013中国林业知识产权年度报告》，旨在通过对一年来林业知识产权工作主要进展和成果的展示，让更多的人了解、关心和支持林业知识产权工作，共同促进林业知识产权的创造、运用、保护和管理，为推动现代林业科学发展提供有力的支撑。

本报告资料系统、内容翔实，具有较强的科学性、可读性和实用性，可供林业行政管理部门和企事业单位的广大干部、科研和教学人员参考。

国家林业局科技发展中心

2014年3月

目　录

执法保护

宣传培训

能力建设

国际合作

统计分析

附表

摘 要

2013年国家林业局切实推进林业知识产权创造、运用、保护与管理工作，认真组织实施国家知识产权战略和年度推进计划，大力开发和利用知识产权资源，加快林业发展方式转变，带动林农增收致富，提高了林业自主创新能力和核心竞争力，取得了显著成效。

1.完善林业知识产权政策法规和发展规划

国务院发布了关于修改《中华人民共和国植物新品种保护条例》的决定，对第三十九条第三款和第四十条进行了修订，自2013年3月1日起施行。国家林业局发布了《中华人民共和国植物新品种保护名录（林业部分）（第五批）》，包括120个植物属（种），自2013年4月1日起施行，林业植物新品种保护名录累计达到198个属（种）。另外，国家林业局还印发了《全国林业知识产权事业发展规划（2013～2020年）》，阐明了中国林业知识产权发展的总体思路，确定了指导思想、发展目标，明确了重点任务、行动计划和保障措施；制订和实施了《2013年林业知识产权战略实施推进计划》，研究制订了《林产品地理标志管理办法》和《林业生物遗传资源获取与惠益分享管理办法》，已征求省级林业主管部门和有关司局的意见。

2.稳步推进林业植物新品种权受理和审查工作

林业植物新品种的申请量和授权量大幅增加，2013年国家林业局植物新品种保护办公室共受理国内外植物新品种申请177件，授权158件；完成了5 批178个新品种权申请的初步审查，组织对110个申请品种进行了特异性、一致性、稳定性的专家现场审查；购买了国外测试报告3批34份，转田间测试1批，发布公告10批，确保了林业植物新品种审批和授权的公开公正。截至2013年年底，已受理国内外植物新品种申请1 261件，授予植物新品种权658件。在第八届中国花卉博览会开幕上，国家领导人及有关部委领导为16位品种权人代表颁发了《植物新品种权证书》。有关管理人员与专家赴中国台湾参加了2013年两岸植物品种保护研讨会和第二次两岸植物品种权工作组会议。2012年获国家林业局植物新品种授权的“赤子之心”2013年获欧盟植物新品种授权；2006年获国家林业局植物新品种授权的“美人榆”2013年获美国植物专利保护。

3.成功举办UPOV测试及分子技术会议

以分子技术在植物新品种测试中的应用为主题，来自UPOV（国际植物新品种保护联盟）和欧盟、东盟有关国家以及韩国、日本和中国等10个国家的80多位代表参加了此次会议。会议分为“植物新品种保护新进展”、“植物新品种分子测试技术研讨”和“植物新品种常规测试技术研讨”3个主题，共有国内外专家26人次进行了演讲，分享了各国在植物新品种保护和测试技术方面的成功经验和具体做法。国家林业局副局长孙扎根在北京会见了UPOV副秘书长Peter Button（皮特·巴顿）一行。UPOV官员、欧盟和亚洲国家植物新品种保护专家还到中国林业科学研究院进行了访问交流，参观了国家林业局植物新品种分子测定实验室和林木遗传育种国家重点实验室。

4.全面推进油茶遗传资源调查编目工作

油茶遗传资源调查与编目工作自2012年启动以来，在专家组技术指导下，17个油茶分布省（自治区、直辖市）的林业部门积极行动起来，成立了调查编目工作领导小组，制定了本地区实施方案，落实工作经费，组织专门力量迅速开展了调查编目工作。研究编制了《油茶遗传资源调查编目技术规程》行业标准；2013年1月，召开了油茶遗传资源调查编目工作中期汇报会，总结交流了前一阶段工作，研究部署了后期工作；5～8月，国家林业局科技发展中心组织检查组对海南、广西、四川、重庆、湖北、甘肃和陕西等部分省（自治区、直辖市）的油茶遗传资源调查编目工作进行了检查和督查。截至2013年年底，已完成了80%以上的野外调查工作，发现了一批新的油茶品种和优良植株，油茶遗传资源调查编目工作顺利推进，取得了阶段性成果。

5.开展林业知识产权试点示范工作

公布了黑龙江省森林与环境科学研究院等20家林业企事业单位为第三批全国林业知识产权试点单位，试点工作自2014年1月正式启动，为期2年；组织实施了“户外高耐竹材专利技术产业化推进”、“环保型木材防腐剂的推广和应用”等5项林业专利技术产业化推进项目；开展了“朝霞”、“赤霞”等2个油茶授权新品种，“玫玉”、“小粉玉”2个茶花授权新品种的转化应用试点工作；在贵州省黔东南苗族侗族自治州实施了林业生物遗传资源获取与惠益分享试点项目。深圳市燕加隆实业发展有限公司、中国林业科学研究院木材工业研究所等多家林业企事业单位入选《第一批国家级知识产权优势企业名录》，期限为2013年12月至2015年11月。

6.加强林业植物新品种权行政执法工作

组织专家起草了《林业植物新品种保护行政执法办法》，并召开了多次专家咨询研讨会议；启动了陕西省林业厅和河北省林业厅的林业植物新品种权行政执法试点工作，探索建立行政执法长效机制，推动试点地区建立品种权行政执法信息平台，促进新品种权行政执法与刑事司法的衔接，实现数据共享和协调配合；编印了《植物新品种权行政执法手册》。完成了林业植物新品种权行政执法机构备案工作；开展了林业植物授权品种基因图谱数据库建设工作，完成了152个月季品种DNA（脱氧核糖核酸）图谱的测定和建库，为执法取证提供技术支撑；开展了打击侵犯植物新品种权专项行动，加大了植物新品种保护执法力度，有效保护了育种者的合法权益，增强了全社会植物新品种保护意识，共同营造有利于植物新品种保护的法治环境。

7.不断完善林业植物新品种测试体系

加强了1个植物新品种测试中心、3个分中心、2个分子测定实验室和5个专业测试站的条件能力建设，国家林业局植物新品种测试中心华北分中心建设项目通过了竣工验收。启动了《林业植物新品种测试体系规划》编制工作。组织开展了6项林业植物新品种DUS(植物新品种特异性、一致性和稳定性)测试指南的编制，完成了57个申请品种的测试工作；完善了植物新品种授权管理信息系统，提高了授权管理水平。截至2013年年底，共开展了71项林业植物新品种DUS测试指南的编制工作，完成了杏、柳属、山茶属、蔷薇属、核桃属和枸杞属等27项测试指南的编制，分别以国家标准或行业标准发布，提高了授权质量和审查测试能力；开展了植物新品种测试技术研究，承担了UPOV丁香属和核桃属测试指南编制任务。《山茶属——植物新品种特异性、一致性、稳定性测试指南》已获UPOV批准，由国际植物新品种保护联盟官方网站（www.upov.int）以英、法、德、西班牙文正式发布。

8.开展林业重点领域专利分析研究

国家林业局知识产权研究中心引进了TI（Thomson Innovation，汤森创新）专利分析平台和德温特世界专利索引数据库（DWPI），建成了集专利检索、管理和分析功能于一体的林业专利信息预警分析系统，为林业专利预警分析研究提供基础数据分析平台；针对林业行业容易遭到国外专利壁垒的重点林产品领域进行动态跟踪和调查分析，做好专利数据统计和预警分析研究；完成了木/竹重组材、木材热处理、人造板连续压机技术等一系列专利分析报告的撰写，出版了《世界林业行业专利技术现状与发展趋势》，召开了林业专利分析报告专家论证会。

9. 建设林业知识产权基础数据库和共享平台

维护和管理了“中国林业知识产权网”和“中国林业植物新品种保

护网”，开通了“2013林业知识产权宣传周”和“纲要实施5周年林业专题”宣传网站，建立了网上林业专利动态决策分析系统；完善和建设了林业专利、林业植物新品种权、林产品地理标志、林业知识产权动态等15个林业知识产权基础数据库，入库数据记录累计50多万条，提供全年不间断、安全稳定的在线检索服务，提高了林业知识产权信息资源的利用效率和服务水平。

10. 国际履约和合作交流成效显著

认真履行了《国际植物新品种保护公约》（简称《UPOV公约》），成功举办了UPOV测试及分子技术会议；派员参加了UPOV技术委员会第四十九次会议、理事会第三十次特别会议、顾问委员会第八十五次会议和法律委员会第六十七次会议、行政和法律委员会第六十八次会议、实质衍生品种研讨会、顾问委员会第八十六次会议、联合国粮食及农业组织（FAO）森林遗传资源政府间技术工作组第二次会议和FAO粮食与农业遗传资源委员会第十四次例会，中国代表亚洲连任FAO森林遗传资源政府间技术工作组成员；参加了第六届东亚植物新品种保护论坛活动、中日韩自由贸易协定谈判（FTA）、中欧知识产权工作组会议；与韩国林木植物新品种保护部门签署了《植物新品种保护谅解备忘录》。

11.荣获林业知识产权奖励和表彰

国际竹藤中心科技教育处和中国林业科学研究院林业科技信息研究所王忠明研究员分别荣获国家知识产权战略实施工作先进集体和先进工作者荣誉称号。国家林业局推荐的“生物质内循环锥形流化床气化工艺及设备”、“利用杨木加工剩余物制取文化用纸配抄用漂白化机浆的方法”、“脲醛树脂助剂及其制备方法和应用”，中国林产工业协会推荐的“环保型胶合板生产工艺”和王明庥、李坚院士推荐“一种集装箱底板及其制造方法”5项林业发明专利获第十五届中国专利优秀奖。中国林业出版社出版的《中国林业发展区划》图书获第三届中国出版政府奖，《种子植物名称》、《湿地资源检测技术》2种林业图书获第四届“三个一百”原创图书出版工程奖。

12.加强林业知识产权宣传培训

组织开展了2013年全国林业知识产权宣传周系列活动，4月21日在中央电视台七套绿色时空栏目播出了《林业知识产权成果显著》专题新闻片，在中国政府网、人民网、国家林业局网、国家知识产权网、中国林业知识产权网、中国林业信息网、中国林业植物新品种保护网等主要网站登载或转载有关林业知识产权的报道200多篇；在《中国绿色时报》和《中国知识产权报》上发表林业知识产权相关报道43篇；编印了《林业知识产权动态》6期，发布了《2012林业知识产权年度报告》，出版了《中国林业植物授权新品种（2012）》；举办了林业知识产权和植物新品种保护管理培训班。

13.林业知识产权数量稳步增长，质量明显提升

随着林业自主创新能力的不断增强，林业植物新品种权和林业专利、林产品地理标志、版权数量稳步增长，质量明显提升，知识产权对现代林业发展的支撑作用日益凸显。

截至2013年年底：

- 林业植物新品种申请量1 261件，授权量658件；
- 林业相关专利公开量154 315件，其中发明专利73 531件；
- 林业科研院所专利公开量2 627件，其中发明专利1 970件；
- 林业高等院校专利公开量7 244件，其中发明专利4 943件；
- 林产品地理标志560件；
- 林业软件著作权2 181项。

国务院关于修改《中华人民共和国植物新品种保护条例》的决定

中华人民共和国国务院令　第635号

《国务院关于修改〈中华人民共和国植物新品种保护条例〉的决定》已经2013年1月16日国务院第231次常务会议通过，现予公布，自2013年3月1日起施行。

总理　温家宝

2013年1月31日

附1：国务院关于修改《中华人民共和国植物新品种保护条例》的决定

附2：中华人民共和国植物新品种保护条例

附1：国务院关于修改《中华人民共和国植物新品种保护条例》的决定

国务院决定对《中华人民共和国植物新品种保护条例》作如下修改。

一、将第三十九条第三款修改为："省级以上人民政府农业、林业行政部门依据各自的职权处理品种权侵权案件时，为维护社会公共利益，可以责令侵权人停止侵权行为，没收违法所得和植物品种繁殖材料；货值金额5万元以上的，可处货值金额1倍以上5倍以下的罚款；没有货值金额或者货值金额5万元以下的，根据情节轻重，可处25万元以下的罚款。”

二、将第四十条修改为：“假冒授权品种的，由县级以上人民政府农业、林业行政部门依据各自的职权责令停止假冒行为，没收违法所得和植物品种繁殖材料；货值金额5万元以上的，处货值金额1倍以上5倍以下的罚款；没有货值金额或者货值金额5万元以下的，根据情节轻重，处25万元以下的罚款；情节严重，构成犯罪的，依法追究刑事责任。”

本决定自2013年3月1日起施行。

《中华人民共和国植物新品种保护条例》根据本决定作相应修改，重新公布。

附2： 中华人民共和国植物新品种保护条例

（1997年3月20日中华人民共和国国务院令第213号公布 根据2013年1月31日《国务院关于修改〈中华人民共和国植物新品种保护条例〉的决定》修订）

第一章 总 则

第一条 为了保护植物新品种权，鼓励培育和使用植物新品种，促进农业、林业的发展，制定本条例。

第二条 本条例所称植物新品种，是指经过人工培育的或者对发现的野生植物加以开发，具备新颖性、特异性、一致性和稳定性并有适当命名的植物品种。

第三条 国务院农业、林业行政部门（以下统称审批机关）按照职责分工共同负责植物新品种权申请的受理和审查并对符合本条例规定的植物新品种授予植物新品种权（以下称品种权）。

第四条 完成关系国家利益或者公共利益并有重大应用价值的植物新品种育种的单位或者个人，由县级以上人民政府或者有关部门给予奖励。

第五条 生产、销售和推广被授予品种权的植物新品种（以下称授权品种），应当按照国家有关种子的法律、法规的规定审定。

第二章 品种权的内容和归属

第六条 完成育种的单位或者个人对其授权品种，享有排他的独占权。任何单位或者个人未经品种权所有人（以下称品种权人）许可，不得为商业目的生产或者销售该授权品种的繁殖材料，不得为商业目的将该授权品种的繁殖材料重复使用于生产另一品种的繁殖材料；但是，本条例另有规定的除外。

第七条 执行本单位的任务或者主要是利用本单位的物质条件所完成的职务育种，植物新品种的申请权属于该单位；非职务育种，植物新品种的申请权属于完成育种的个人。申请被批准后，品种权属于申请人。

委托育种或者合作育种，品种权的归属由当事人在合同中约定；没有合同约定的，品种权属于受委托完成或者共同完成育种的单位或者个人。

第八条 一个植物新品种只能授予一项品种权。两个以上的申请人分别就同一个植物新品种申请品种权的，品种权授予最先申请的人；同时申请的，品种权授予最先完成该植物新品种育种的人。

第九条 植物新品种的申请权和品种权可以依法转让。

中国的单位或者个人就其在国内培育的植物新品种向外国人转让申请权或者品种权的，应当经审批机关批准。

国有单位在国内转让申请权或者品种权的，应当按照国家有关规定报经有关行政主管部门批准。

转让申请权或者品种权的，当事人应当订立书面合同，并向审批机关登记，由审批机关予以公告。

第十条 在下列情况下使用授权品种的，可以不经品种权人许可，不向其支付使用费，但是不得侵犯品种权人依照本条例享有的其他权利：

（一）利用授权品种进行育种及其他科研活动；

（二）农民自繁自用授权品种的繁殖材料。

第十一条 为了国家利益或者公共利益，审批机关可以做出实施植物新品种强制许可的决定，并予以登记和公告。

取得实施强制许可的单位或者个人应当付给品种权人合理的使用费，其数额由双方商定；双方不能达成协议的，由审批机关裁决。

品种权人对强制许可决定或者强制许可使用费的裁决不服的，可以自收到通知之日起 3 个月内向人民法院提起诉讼。

第十二条 不论授权品种的保护期是否届满，销售该授权品种应当使用其注册登记的名称。

第三章 授予品种权的条件

第十三条 申请品种权的植物新品种应当属于国家植物品种保护名录中列举的植物的属或者种。植物品种保护名录由审批机关确定和公布。

第十四条 授予品种权的植物新品种应当具备新颖性。新颖性，是指申请品种权的植物新品种在申请日前该品种繁殖材料未被销售，或者经育种者许可，在中国境内销售该品种繁殖材料未超过 1 年；在中国境外销售藤本植物、林木、果树和观赏树木品种繁殖材料未超过 6 年，销售其他植物品种繁殖材料未超过 4 年。

第十五条 授予品种权的植物新品种应当具备特异性。特异性，是指申请品种权的植物新品种应当明显区别于在递交申请以前已知的植物品种。

第十六条 授予品种权的植物新品种应当具备一致性。一致性，是指申请品种权的植物新品种经过繁殖，除可以预见的变异外，其相关的特征或者特性一致。

第十七条 授予品种权的植物新品种应当具备稳定性。稳定性，是指申请品种权的植物新品种经过反复繁殖后或者在特定繁殖周期结束时，其相关的特征或者特性保持不变。

第十八条 授予品种权的植物新品种应当具备适当的名称，并与相同或者相近的植物属或者种中已知品种的名称相区别。该名称经注册登记后即为该植物新品种的通用名称。

下列名称不得用于品种命名：

（一）仅以数字组成的；

（二）违反社会公德的；

（三）对植物新品种的特征、特性或者育种者的身份等容易引起误解的。

第四章　品种权的申请和受理

第十九条　中国的单位和个人申请品种权的，可以直接或者委托代理机构向审批机关提出申请。

中国的单位和个人申请品种权的植物新品种涉及国家安全或者重大利益需要保密的，应当按照国家有关规定办理。

第二十条　外国人、外国企业或者外国其他组织在中国申请品种权的，应当按其所属国和中华人民共和国签订的协议或者共同参加的国际条约办理，或者根据互惠原则，依照本条例办理。

第二十一条　申请品种权的，应当向审批机关提交符合规定格式要求的请求书、说明书和该品种的照片。

申请文件应当使用中文书写。

第二十二条　审批机关收到品种权申请文件之日为申请日；申请文件是邮寄的，以寄出的邮戳日为申请日。

第二十三条　申请人自在外国第一次提出品种权申请之日起 12 个月内，又在中国就该植物新品种提出品种权申请的，依照该外国同中华人民共和国签订的协议或者共同参加的国际条约，或者根据相互承认优先权的原则，可以享有优先权。

申请人要求优先权的，应当在申请时提出书面说明，并在 3 个月内提交经原受理机关确认的第一次提出的品种权申请文件的副本；未依照本条例规定提出书面说明或者提交申请文件副本的，视为未要求优先权。

第二十四条　对符合本条例第二十一条规定的品种权申请，审批机关应当予以受理，明确申请日、给予申请号，并自收到申请之日起 1 个月内通知申请人缴纳申请费。

对不符合或者经修改仍不符合本条例第二十一条规定的品种权申请，审批机关不予受理，并通知申请人。

第二十五条　申请人可以在品种权授予前修改或者撤回品种权申请。

第二十六条　中国的单位或者个人将国内培育的植物新品种向国外申请品种权的，应当向审批机关登记。

第五章　品种权的审查与批准

第二十七条　申请人缴纳申请费后，审批机关对品种权申请的下列内容进行初步审查：

（一）是否属于植物品种保护名录列举的植物属或者种的范围；

（二）是否符合本条例第二十条的规定；

（三）是否符合新颖性的规定；

（四）植物新品种的命名是否适当。

第二十八条　审批机关应当自受理品种权申请之日起 6 个月内完成初步审查。对经初步审查合格的品种权申请，审批机关予以公告，并通知申请人在 3 个月内缴纳审查费。

对经初步审查不合格的品种权申请，审批机关应当通知申请人在 3 个月内陈述意见或者予以修正；逾期未答复或者修正后仍然不合格的，驳回申请。

第二十九条 申请人按照规定缴纳审查费后，审批机关对品种权申请的特异性、一致性和稳定性进行实质审查。

申请人未按照规定缴纳审查费的，品种权申请视为撤回。

第三十条 审批机关主要依据申请文件和其他有关书面材料进行实质审查。审批机关认为必要时，可以委托指定的测试机构进行测试或者考察业已完成的种植或者其他试验的结果。

因审查需要，申请人应当根据审批机关的要求提供必要的资料和该植物新品种的繁殖材料。

第三十一条 对经实质审查符合本条例规定的品种权申请，审批机关应当做出授予品种权的决定，颁发品种权证书，并予以登记和公告。

对经实质审查不符合本条例规定的品种权申请，审批机关予以驳回，并通知申请人。

第三十二条 审批机关设立植物新品种复审委员会。

对审批机关驳回品种权申请的决定不服的，申请人可以自收到通知之日起 3 个月内，向植物新品种复审委员会请求复审。植物新品种复审委员会应当自收到复审请求书之日起 6 个月内作出决定，并通知申请人。

申请人对植物新品种复审委员会的决定不服的，可以自接到通知之日起 15 日内向人民法院提起诉讼。

第三十三条 品种权被授予后，在自初步审查合格公告之日起至被授予品种权之日止的期间，对未经申请人许可，为商业目的生产或者销售该授权品种的繁殖材料的单位和个人，品种权人享有追偿的权利。

第六章 期限、终止和无效

第三十四条 品种权的保护期限，自授权之日起，藤本植物、林木、果树和观赏树木为 20 年，其他植物为 15 年。

第三十五条 品种权人应当自被授予品种权的当年开始缴纳年费，并且按照审批机关的要求提供用于检测的该授权品种的繁殖材料。

第三十六条 有下列情形之一的，品种权在其保护期限届满前终止：

（一）品种权人以书面声明放弃品种权的；

（二）品种权人未按照规定缴纳年费的；

（三）品种权人未按照审批机关的要求提供检测所需的该授权品种的繁殖材料的；

（四）经检测该授权品种不再符合被授予品种权时的特征和特性的。

品种权的终止，由审批机关登记和公告。

第三十七条 自审批机关公告授予品种权之日起，植物新品种复审委员会可以依据职权或者依据任何单位或者个人的书面请求，对不符合本条例第十四条、第十五条、第十六条和第十七条规定的，宣告品种权无效；对不符合本条例第十八条规定的，予以更名。宣告品种权无效或者更名的决定，由审批机关登记和公告，并通知当事人。

对植物新品种复审委员会的决定不服的，可以自收到通知之日起 3 个月内向人民法院提起诉讼。

第三十八条 被宣告无效的品种权视为自始不存在。

宣告品种权无效的决定，对在宣告前人民法院做出并已执行的植物新品种侵权的判决、裁定，省级以上人民政府农业、林业行政部门做出并已执行的植物新品种侵权处理决定，以及已经履行的植物新品种实施许可合同和植物新品种权转让合同，不具有追溯力；但是，因品种权人的恶意给他人造成损失的，应当给予合理赔偿。

依照前款规定，品种权人或者品种权转让人不向被许可实施人或者受让人返还使用费或者转让费，明显违反公平原则的，品种权人或者品种权转让人应当向被许可实施人或者受让人返还全部或者部分使用费或者转让费。

第七章　罚　则

第三十九条　未经品种权人许可，以商业目的生产或者销售授权品种的繁殖材料的，品种权人或者利害关系人可以请求省级以上人民政府农业、林业行政部门依据各自的职权进行处理，也可以直接向人民法院提起诉讼。

省级以上人民政府农业、林业行政部门依据各自的职权，根据当事人自愿的原则，对侵权所造成的损害赔偿可以进行调解。调解达成协议的，当事人应当履行；调解未达成协议的，品种权人或者利害关系人可以依照民事诉讼程序向人民法院提起诉讼。

省级以上人民政府农业、林业行政部门依据各自的职权处理品种权侵权案件时，为维护社会公共利益，可以责令侵权人停止侵权行为，没收违法所得和植物品种繁殖材料；货值金额 5 万元以上的，可处货值金额 1 倍以上 5 倍以下的罚款；没有货值金额或者货值金额 5 万元以下的，根据情节轻重，可处 25 万元以下的罚款。

第四十条　假冒授权品种的，由县级以上人民政府农业、林业行政部门依据各自的职权责令停止假冒行为，没收违法所得和植物品种繁殖材料；货值金额 5 万元以上的，处货值金额 1 倍以上 5 倍以下的罚款；没有货值金额或者货值金额 5 万元以下的，根据情节轻重，处 25 万元以下的罚款；情节严重，构成犯罪的，依法追究刑事责任。

第四十一条　省级以上人民政府农业、林业行政部门依据各自的职权在查处品种权侵权案件和县级以上人民政府农业、林业行政部门依据各自的职权在查处假冒授权品种案件时，根据需要，可以封存或者扣押与案件有关的植物品种的繁殖材料，查阅、复制或者封存与案件有关的合同、账册及有关文件。

第四十二条　销售授权品种未使用其注册登记的名称的，由县级以上人民政府农业、林业行政部门依据各自的职权责令限期改正，可以处 1 000 元以下的罚款。

第四十三条　当事人就植物新品种的申请权和品种权的权属发生争议的，可以向人民法院提起诉讼。

第四十四条　县级以上人民政府农业、林业行政部门的及有关部门的工作人员滥用职权、玩忽职守、徇私舞弊、索贿受贿，构成犯罪的，依法追究刑事责任；尚不构成犯罪的，依法给予行政处分。

第八章　附　则

第四十五条　审批机关可以对本条例施行前首批列入植物品种保护名录的和本条例施行后新列入植物品种保护名录的植物属或者种的新颖性要求做出变通性规定。

第四十六条　本条例自 1997 年 10 月 1 日起施行。

中华人民共和国植物新品种保护名录（林业部分）（第五批）

国家林业局令 第29号

《中华人民共和国植物新品种保护名录（林业部分）（第五批）》已经2012年12月25日国家林业局局务会议审议通过，现予公布，自2013年4月1日起施行。

国家林业局局长　赵树丛

2013年1月22日

中华人民共和国植物新品种保护名录（林业部分）（第五批）

序号	种或者属名	学名（Latin name）
1	六道木属	*Abelia* R. Br.
2	冷杉属	*Abies* Mill.
3	五加属	*Acanthopanax* (Decne. et Planch.) Miq.
4	酸竹属	*Acidosasa* C. D. Chu et C. S. Chao
5	七叶树属	*Aesculus* L.
6	木通属	*Akebia* Decne.
7	合欢属	*Albizia* Durazz.
8	桤木属	*Alnus* Mill.
9	沙冬青属	*Ammopiptanthus* Cheng f.
10	紫穗槐属	*Amorpha* L.
11	桃叶珊瑚属	*Aucuba* Thunb.
12	小檗属	*Berberis* L.
13	木棉属	*Bombax* L.
14	叶子花属	*Bougainvillea* Comm. ex Juss.
15	构　属	*Broussonetia* L'Hér. ex Vent.
16	醉鱼草属	*Buddleja* L.
17	紫珠属	*Callicarpa* L.
18	沙拐枣	*Calligonum mongolicum* Turcz.
19	凌霄属	*Campsis* Lour.
20	旱莲木	*Camptotheca acuminata* Decne.
21	锦鸡儿属	*Caragana* Fabr.
22	鹅耳枥属	*Carpinus* L.
23	山核桃属	*Carya* Nutt.
24	决明属	*Cassia* L.
25	栗　属	*Castanea* Mill.
26	木麻黄属	*Casuarina* L.
27	雪松属	*Cedrus* Trew
28	朴　属	*Celtis* L.
29	三尖杉属	*Cephalotaxus* Sieb. et Zucc.
30	紫荆属	*Cercis* L.
31	方竹属	*Chimonobambusa* Makino
32	流苏树属	*Chionanthus* L.
33	南酸枣	*Choerospondias axillaris* (Roxb.) B. L. Burtt et A. W. Hill
34	铁线莲属	*Clematis* L.
35	大青属	*Clerodendrum* L.
36	山茱萸属	*Cornus* L.
37	栒子属	*Cotoneaster* Medik.
38	山楂属	*Crataegus* L.
39	柳杉属	*Cryptomeria* D. Don
40	瑞香属	*Daphne* L.
41	珙桐属	*Davidia* Baill.
42	牡竹属	*Dendrocalamus* Nees
43	胡颓子属	*Elaeagnus* L.
44	杜英属	*Elaeocarpus* L.

（续）

序号	种或者属名	学名（Latin name）	序号	种或者属名	学名（Latin name）
45	麻黄属	*Ephedra* L.	83	石楠属	*Photinia* Lindl.
46	杜　仲	*Eucommia ulmoides* Oliv.	84	黄连木属	*Pistacia* L.
47	箭竹属	*Fargesia* Franch.	85	化香树属	*Platycarya* Sieb. et Zucc.
48	皂荚属	*Gleditsia* L.	86	侧柏属	*Platycladus* Spach
49	梭梭属	*Haloxylon* Bunge	87	苦竹属	*Pleioblastus* Nakai
50	金缕梅属	*Hamamelis* L.	88	金露梅	*Potentilla* fruticosa L.
51	木槿属	*Hibiscus* L.	89	李属（除水果外）	*Prunus* L.（except fruits）
52	沙棘属	*Hippophae* L.			
53	坡垒属	*Hopea* Roxb.	90	枫杨属	*Pterocarya* Kunth
54	绣球属	*Hydrangea* L.	91	青檀属	*Pteroceltis* Maxim.
55	金丝桃属	*Hypericum* L.	92	栎　属	*Quercus* L.
56	山桐子属	*Idesia* Maxim.	93	悬钩子属	*Rubus* L.
57	冬青属	*Ilex* L.	94	接骨木属	*Sambucus* L.
58	八角属	*Illicium* L.	95	无患子属	*Sapindus* L.
59	大节竹属	*Indosasa* McClure	96	乌桕属	*Sapium* Jacq.
60	蓝花楹属	*Jacaranda* Juss.	97	檫　木	*Sassafras tzumu*（Hemsl.）Hemsl.
61	素馨属	*Jasminum* L.			
62	麻风树	*Jatropha curcas* L.	98	木荷属	*Schima* Reinw. ex Blume
63	刺柏属	*Juniperus* L.	99	秤锤树属	*Sinojackia* Hu
64	油杉属	*Keteleeria* Carrière	100	珍珠梅属	*Sorbaria*（DC）A. Braun
65	紫薇属	*Lagerstroemia* L.	101	花楸属	*Sorbus* L.
66	落叶松属	*Larix* Mill.	102	火焰树属	*Spathodea* P. Beauv.
67	胡枝子属	*Lespedeza* Michx.	103	绣线菊属	*Spiraea* L.
68	女贞属	*Ligustrum* L.	104	山矾属	*Symplocos* Jacq.
69	山胡椒属	*Lindera* Thunb.	105	台湾杉属	*Taiwania* Hayata
70	枫香属	*Liquidambar* L.	106	柽柳属	*Tamarix* L.
71	木姜子属	*Litsea* Lam.	107	柚　木	*Tectona grandis* L. f.
72	滇丁香属	*Luculia* Sweet	108	夜来香属	*Telosma* Cov.
73	苹果属（除水果外）	*Malus* Mill.（except fruits）	109	厚皮香属	*Ternstroemia* Mutis ex L. f.
			110	吴茱萸属	*Tetradium* Lour.
74	野牡丹属	*Melastoma* L.	111	椴树属	*Tilia* L.
75	楝　属	*Melia* L.	112	香椿属	*Toona* M. Roemer
76	水杉属	*Metasequoia* Miki ex Hu et W. C. Cheng	113	榧树属	*Torreya* Arn.
			114	越桔属	*Vaccinium* L.
77	杨　梅	*Myrica rubra* Sieb. et Zucc.	115	荚蒾属	*Viburnum* L.
78	白刺属	*Nitraria* L.	116	牡荆属	*Vitex* L.
79	红豆属	*Ormosia* Jackson	117	锦带花属	*Weigela* Thunb.
80	木犀属	*Osmanthus* Lour.	118	紫藤属	*Wisteria* Nutt.
81	黄　檗	*Phellodendron amurense* Rupr.	119	文冠果	*Xanthoceras sorbifolium* Bunge
82	楠　属	*Phoebe* Nees	120	枣　属	*Ziziphus* Mill.

国家林业局关于印发《全国林业知识产权事业发展规划（2013～2020年）》的通知

国家林业局 林规发〔2013〕228号

各省、自治区、直辖市林业厅（局），内蒙古、龙江、大兴安岭森工（林业）集团公司，新疆生产建设兵团林业局：

《全国林业知识产权事业发展规划（2013～2020年）》已经国家林业局局务会审议通过，现印发你们，请认真贯彻执行。

国家林业局

2013年12月31日

附：全国林业知识产权事业发展规划（2013～2020年）

附：　全国林业知识产权事业发展规划（2013～2020年）

随着科学技术的不断进步和经济全球化的深入发展，知识产权制度发挥着越来越重要的作用。为切实加强林业知识产权工作，激励林业科技创新，促进现代林业科学发展，以党的十八大精神为指导，根据《国家知识产权战略纲要》、《国家知识产权事业发展“十二五”规划》、《林业发展“十二五”规划》和《国家林业局关于贯彻实施<国家知识产权战略纲要>的指导意见》的总体要求，制定本《规划》。

一、形势与需求

（一）主要成就

国家林业局高度重视知识产权工作，把知识产权工作作为推动林业自主创新、转变林业发展方式、服务集体林权制度改革、带动林农增收致富的重要举措，深入贯彻实施国家知识产权战略，有效提升了林业知识产权创造、运用、保护和管理能力。

林业植物新品种保护体系不断完善，条件能力逐步增强。截至2012年年底，国家林业局共受理植物新品种权申请1 084件，授予林业植物新品种权500项。“十一五”期间受理申请334件，授权181件，同比分别增加80.5%和115%。林业植物新品种保护法规不断完善，新品种测试体系不断健全，颁布五批198个属（种）《林业植物新品种保护名录》，建成了1个林业植物新品种测试中心、3个测试分中心、2个分子测定实验室和5个专业测试站，启动了69项林业植物新品种测试指南编制及已知品种数据库建设，已发布杏、槐属、蔷薇属等24项测试指南，有效提高了授权质量和审查测试能力。

林业专利数量和质量稳步提高，转化运用效果明显。截至2012年年底，共取得林业相关专利12.8万件，其中林业科研教育机构专利7 394件，国外林业专利33件。

“十一五”期间，取得林业相关专利5.48万件，同比增长130%，其中林业科研教育机构专利3 094件、发明专利2 513件，同比分别增长490%和546%。绿色植物生长调节剂、轻基质网袋育苗容器机等专利技术的广泛应用促进了种苗业快速发展，无甲醛环保型胶合板、装饰用竹材胶合板等专利技术产业化增强了传统产业市场竞争力。林木种苗培育、木材加工、林产化工、竹藤资源利用等重点领域专利技术的转化运用有效提升了林业发展的质量和效益。

林业版权和林产品地理标志数量稳步增长，品牌创建初显成效。截至2012年年底，登记林产品地理标志435件，林业软件著作权1 249件。“十一五”期间，林产品地理标志155件，同比增长270%，主要有枣、核桃、栗子、杏、花椒等；林业软件著作权298件，同比增长492%。

林业知识产权管理不断创新，服务水平不断提高。“十一五”期间，国家林业局印发了《关于贯彻实施<国家知识产权战略纲要>的指导意见》，组织开展了打击侵犯林业植物新品种权专项行动和油茶知识产权保护专项行动，初步建成了林业知识产权基础数据库和公共信息服务平台，启动了林业知识产权试点工作，开展了林业重点领域知识产权预警机制研究、林业知识产权宣教普及和技术培训工作，林业知识产权统筹协调能力和管理水平显著提升。

认真履行国际公约，国际合作交流不断加强。认真履行了《国际植物新品种保护公约》(《UPOV公约》)，开展了履约研究，参与了UPOV理事会和技术工作组会议，完成了山茶属、丁香属和牡丹3项国际测试指南编制，承担了核桃属国际测试指南编制工作，与德国、荷兰等国家持续开展了新品种保护和测试技术交流及人员培训，积极参与了东亚植物新品种保护论坛活动，广泛参与了多边和双边保护知识产权对话及谈判，并赢得更多国际话语权，提升了林业国际地位。

总之，近年来，特别是“十一五”期间，我国林业知识产权工作已取得了显著成绩，但由于起步相对较晚，基础比较薄弱，还存在一些亟待解决的问题。

知识产权意识薄弱。林业行业对知识产权工作的重要性、紧迫性认识不足，主动将创新成果转化为知识产权加以保护的意识不强，林业拥有自主知识产权的数量、质量和转化运用能力，与其它行业相比还有较大差距。

法规制度建设滞后。林业知识产权政策法规、行政执法体系和管理制度亟待完善，执法能力明显不足，尤其是与林业植物新品种维权执法需求不相适应。林业植物新品种大多采用无性繁殖，保密性差，保护难、维权难。

转化运用能力较弱。林业知识产权质量还有待提高，企业的知识产权运营能力较弱、转化动力不足，创造与运用依然存在“两张皮”现象，特别是缺乏有效的政策激励和市场联接机制。

支撑保障能力不足。林业植物新品种测试机构、测试标准以及技术装备等支撑条件亟待完善，林业知识产权服务体系有待健全，人才培养与现实需求有较大差距。

（二）战略需求

随着经济全球化深入发展，越来越多的国家，尤其是发达国家，已把知识产权上升到显示国家核心竞争力和综合实力的战略高度，纷纷抢占制高点、争夺话语权。经济竞争愈来愈表现为科技创新能力与知识产权运用能力的竞争。自2008年国务院颁布实施《国家知识产权战略纲要》以来，知识产权作为国家发展的战略性资源和国际竞争力核心要素，已成为我国建设创新型国家和建设现代林业的重要支撑。加强林业知识产权的创造、运用、保护和管理，对于加快转变林业发展方式，提高林业核心竞争力，发展民生林业和生态林业，切实承担起建设生态文明和美丽中国的重大使命，具有十分重要的现实意义和深远的战略意义。

1. 加强知识产权工作是建设生态林业和民生林业的战略选择

林业是联系生态和民生的纽带和关键。在生态建设中高度重视改善民生，全面加强森林资源保护，大力发展林业产业，不断深化林业改革，从不同层面、不同角度满足人民群众的多种需求，需要充分发挥科学技术第一生产力作用，以知识产权制度为保障，走科技创新之路。加快解决困难立地造林技术难题，增加森林资源总量，提高森林资源质量，充分挖掘林地潜力，提高森林经营水平和综合效益，全面推进现代林业发展，需要以知识产权创造和运用为支撑。大力开发和利用知识资源是紧密围绕国家战略大局，加快发展生态林业和民生林业的战略选择。

2. 加强知识产权工作是提升林业产业核心竞争力的重要手段

我国现代林业发展正处于重要战略机遇期和黄金发展期，需要充分发挥科技在转变经济发展方式和调整经济结构中的支撑引领作用，加快转变林业发展方式。今后五到十年，尤其要注重提高林业生态重点工程质量效益，加快林业产业结构深度调整和林业企业转型升级，迫切需要强化林业知识产权创造和运用，充分发挥知识产权在推进林业产业升级换代和增强核心竞争力中的重要作用，运用知识产权等要素投入，合理配置各类资源，促进林业发明专利技术和植物新品种转化运用，依靠科技创新形成的知识产权引领和带动产业升级，提高林业核心竞争力，使我国林业走创新驱动、绿色发展之路。

3. 加强知识产权工作是应对知识产权国际化的迫切需要

面对经济全球化的严峻挑战，知识产权保护呈现国际化趋势，以创新和技术升级为主要特征的林业国际竞争越来越激烈，知识产权在现代林业发展中的支撑作用日益凸显。特别是近年来，我国林业企业涉外知识产权纠纷不断，已对林业产业健康发展构成威胁，迫切需要提高林业知识产权创造水平，建立林业知识产权预警机制，运用知识产权战略主动应对国际知识产权技术壁垒。

4. 加强知识产权工作是推进林业科技创新的强大动力

实行知识产权制度，维护知识成果创造者合法权益，建立有利于激励创新意愿和行动的长效机制，已成为提高林业自主创新能力，实现科技兴林、科技强林、科技富民的关键环节。进一步加强林业知识产权工作，有利于保护和激发广大林业科技工作者的创新激情，创造和掌握更多拥有自主知识产权的核心技术，不断优化创新环境，加快转化运用，为林业自主创新注入不竭的动力。

5. 加强知识产权工作是培育战略性新兴产业的重要举措

林业战略性新兴产业创新要素密集，投资风险大，对知识产权创造和运用依赖性强，对知识产权管理和保护要求高，既代表未来林业科技创新和产业发展方向，又是带动现代林业发展，引领产业优化升级的强大引擎。大力培育和发展林业战略性新兴产业，将成为我国林业骨干企业依托知识产权的创造和有效运用、抢占发展先机和战略制高点、实现创新链和产业链的有机连接、推进创新成果产业化和市场化的重要举措。

二、指导思想与发展目标

（一）指导思想

以邓小平理论、“三个代表”重要思想、科学发展观为指导，深入贯彻党的十八大精神，按照《国家知识产权战略纲要》和现代林业发展的总体要求，不断加强林业知识产权工作，完善管理制度，增强创造能力，促进转化运用，加大保护力度，健全服务体系，为强化林业自主创新、加快林业发展方式转变、提升林业核心竞争力、促进生态林业和民生林业发展提供支撑，为我国生态文明和美丽中国建设做出积极的贡献。

（二）基本原则

1. 全面推进　重点突破

对不同类型的林业知识产权实施分类指导，全面推进林业知识产权工作。着力强化林业植物新品种和林业专利的创造运用，增强共性、核心、关键技术突破能力，促进科技成果向现实生产力转化。加强林业生物遗传资源、林产品地理标志、商标和版权等知识产权保护。

2. 统筹兼顾　整体提升

统筹协调好林业知识产权创造者、传播者、使用者和社会公众之间的权益关系，处理好林业知识产权发展速度、质量和效益的关系，把握好保护与利用的关系，整体提升林业知识产权的创造、运用、保护和管理能力。

3. 夯实基础　能力优先

以林业植物新品种保护条件能力建设为重点，把制度建设、人才培养、信息服务、预警机制、试点示范、技术培训和中介服务等放在林业知识产权工作的优先位置，夯实基础，服务全局，支撑发展。

4. 政策激励　市场引导

建立政府加大投入、政策扶持和金融服务等激励机制，充分发挥市场资源配置作用，引导和鼓励林业企业、研发机构积极开展林业知识产权的创造和转化运用，构建以企业为主体，以知识产权为纽带，产学研紧密结合的长效机制，提高林业产业发展的核心竞争力。

5. 服务发展　创新为民

坚持服务发展，积极推动科技与经济紧密结合，既要从经济社会发展需求中找准林业科技创新主攻方向，又要把林业科技成果迅速转化为现实生产力。坚持创新为民，积极促进林业科技成果造福人民，必须坚持把以人为本贯穿林业科技工作始终，让广大人民群众共享林业科技创新成果。

（三）发展目标

1. 总体目标

到 2020 年，林业知识产权实现量的增长和质的提升，创造和运用效果明显增强，政策法规基本完善，管理和服务体系基本健全，对科技创新和现代林业发展的支撑作用充分显现。

2. 阶段目标

林业知识产权创造能力逐步提高。到 2015 年和 2020 年，新增林业授权植物新品种分别达到 300 件和 1 000 件，林业科研教育机构新增专利分别达到 5 000 件和 1.5 万件，其中发明专利比重分别达到 75% 和 80%，新增国外林业专利分别达到 30 件和 100 件。

林业知识产权运用成效明显提升。到2015年和2020年，分别建成林业行业知识产权试点单位100家和示范单位30家，建成林业植物新品种示范基地6家和20家，实施重大专利产业化示范项目分别达到15项和50项，建成林产品地理标志示范基地分别达到3家和10家，组建林业知识产权战略联盟分别达到3家和8家。

林业知识产权保护水平大幅提高。完善林业植物新品种保护法律法规，开展打击侵犯植物新品种权专项行动，建立林业知识产权维权执法的长效机制。到2015年和2020年，分别建成5家和15家林业植物新品种权行政执法试点单位。

林业知识产权服务能力显著增强。完善林业科技管理评价考核体系和激励机制，构建和完善林业知识产权管理信息系统和交易服务平台，建立林业重点领域知识产权预警机制。到2015年和2020年，分别建成10家和30家林业知识产权中介服务机构。

三、重点任务

（一）加强林业植物新品种创制与运用

加快林业植物新品种培育，围绕生物育种前沿技术，重点开展林木、花卉高效分子育种及转基因技术研究，培育一批高抗、优质、速生林木新品种。鼓励育种单位和个人积极培育开发植物新品种，支持建立具有自主林业植物新品种权的生产示范基地。加快建设植物新品种保护测试机构和保藏机构，组织开展测试技术与方法研究，制定测试指南，提高审查测试能力。完善林业植物新品种权利益分享制度，使品种权人、品种生产经营单位和品种使用人共同受益。探索建立公益性林业植物新品种政府补贴制度。

行动计划1：林业植物新品种创制与运用

项　目	主 要 内 容
植物新品种培育	加强林业植物新品种培育，重点支持优质高效、抗逆性强的种苗、花卉、竹藤等林业植物新品种培育。林业植物新品种申请量达到2 500件，授权品种达到1 500件。
植物新品种转化运用	筛选一批优良植物新品种，形成经过审批认定的良种，纳入各级科技计划进行转化运用。建立20家林业植物新品种权转化运用示范基地，发挥示范和辐射带动作用。
植物新品种能力建设	完善植物新品种测试机构及配套设施，重点加强1个植物新品种测试中心、3个分中心、2个分子实验室和5个专业测试站建设，新建5个专业测试站。开展植物新品种测试新技术开发应用和DNA快速检测方法等测试技术研究，编制测试指南100项、UPOV测试指南5～8项。

（二）促进林业专利创造与转化运用

建立以企业为主体、市场为导向、产学研紧密结合的林业技术协同创新体系，强化基础性、前沿性技术和共性技术研究平台建设，使企业真正成为技术创新、专利转化应用、投入和受益的主体，全面提升企业自主创新能力。充分发挥科研教学单位在林业知识产权创造中的重要带动作用，支持和鼓励林业企业、高校和科研院所构建多种形式的知识产权战略联盟，协同攻关，形成林业核心技术专利群和重点领域专利池。加大林业专利技术储备，大幅度提高发明专利比重，提升专利质量和效益。加快林业专利转化运用，组织实施重大专利技术产业化项目，建立林业专利产业化示范基地。

以林业骨干企业专利转化运用为突破口，带动中小企业积极参与，形成专利产业化集群。推动林业行业具有核心专利技术的林产品纳入政府优先采购计划，鼓励将专利转化为标准，推广专利标准化应用。

行动计划 2：林业专利创造与转化运用

项 目	主 要 内 容
林业专利创造	加强林业核心技术研发和专利申请，提高专利质量，形成林业核心技术专利群和重点领域专利池。新增林业相关专利 10 万件，林业科研教育机构专利 1.5 万件(发明专利比重达到 80%)。
知识产权战略联盟	以林业重点领域和战略新兴产业的技术创新需求为导向，组建 8 家林业知识产权战略联盟，建立产学研合作新机制，协同攻关，权益共享，共同突破林业产业发展技术瓶颈。
重大专利技术产业化	优选林业专利技术成果，纳入各级科技计划进行转化运用。组织实施 50 项重大专利产业化项目，建立一批林业专利产业化示范基地。

（三）实施林业品牌战略

大力推进林业品牌建设，增强品牌意识，做好品牌定位，整合品牌资源，维护品牌声誉。重点鼓励企业做好品牌战略谋划，争创中国驰名商标，提升产品质量和企业形象，引导和扶持拥有中国驰名商标、著名品牌和林产品地理标志的林业企业做大做强。完善林产品地理标志保护制度，支持建立林产品地理标志产品示范基地，加快地方特色资源和产品的开发利用，规范林产品市场流通秩序，促进林业企业和林产品品牌培育。推进林业知名品牌国际化，鼓励和资助林业企业在国外注册商标，提高林产品附加值和市场竞争力。

行动计划 3：林业品牌建设

项 目	主 要 内 容
林业驰名商标	实施林业品牌战略，鼓励林业企业在国外注册商标。新增林业相关中国驰名商标 150 件。
林产品地理标志	建成 10 家林产品地理标志产品示范基地。新增林产品地理标志登记 700 件。

（四）加强林业软件著作权保护

以“3S”技术、云计算和林业物联网等关键技术研发为重点，加强软件产品开发和信息系统建设，加强对森林生态系统、荒漠生态系统、湿地生态系统和生物多样性的有效监管，建设全国林业一张图，提升林业遥感、全球定位和数字模拟等信息化技

行动计划 4：林业软件著作权保护

项 目	主 要 内 容
林业软件著作权	加强林业“3S”技术、云计算和林业物联网等林业信息化关键技术的软件和信息系统开发，新增林业软件著作权登记 2 000 件。

术在林业资源监管、营造林管理、森林灾害监控和应急管理等领域的应用水平，推进全国林业信息化建设。鼓励科技人员进行软件产品研发，申报计算机软件著作权登记，加强知识产权保护，提高林业信息化水平。

（五）推进林业生物遗传资源及相关传统知识保护

组织开展林业生物遗传资源及相关传统知识调查，建立林业遗传资源信息共享平台、监测评价体系、权属管理和保护制度，有效防止林业生物遗传资源的流失和无序利用。统筹协调林业生物遗传资源保护、开发和利用关系，构建合理的林业生物遗传资源获取与惠益分享机制。切实保护林业生物遗传资源及其衍生物产权，促进林业生物遗传资源的利用。探索建立遗传资源及相关传统知识的权属登记与保护机制。依托林业生物遗传资源及相关传统知识资源丰富的地区，开展保护试点示范。制订森林遗传资源国家行动计划。

行动计划5：林业生物遗传资源及相关传统知识保护

项　目	主 要 内 容
遗传资源调查编目	开展林业生物遗传资源及相关传统知识调查，建立基础数据库和管理信息系统。制定木本粮油及中国特有珍稀树种遗传资源的调查编目技术规程，重点开展油茶等调查编目工作。
遗传资源及相关传统知识保护试点示范	探索建立林业生物遗传资源及相关传统知识权属登记和保护制度、遗传资源原产地信息披露制度，建立林业生物遗传资源获取和惠益分享制度，开展林业生物遗传资源获取和惠益分享试点。

（六）开展林业知识产权试点示范

按照“试点先行、典型引路、示范带动、整体提高”的工作思路，在全国遴选一批综合运用能力强、具有核心竞争力的林业企事业单位，以健全机构、完善制度、提高能力为重点，开展林业知识产权试点示范。鼓励林业企业申报国家级创新型企业，引导林业企业加大研发投入，建立研发团队，制定知识产权战略，将知识产权工作贯穿于技术创新全过程，以专利的创造运用为重点，促进林业企业优化结构、转型升级，形成具有自主知识产权的核心技术，提高专利市场价值，增强产品市场竞争力和占有率。

行动计划6：林业知识产权试点示范

项　目	主 要 内 容
林业知识产权试点示范	分三批选择100家林业科研、教学单位和重点林业企业作为林业知识产权试点；从验收合格、成效显著的试点单位中遴选30家为示范单位。
林业创新型企业	鼓励和引导林业企业申报国家级创新型企业，在林业行业形成10～20家拥有自主知识产权、核心竞争力强的优秀企业，成为国家级创新型企业。

（七）强化林业植物新品种保护执法

完善林业植物新品种保护法律法规。建立健全植物新品种权行政执法体系，完善执法协作机制，加强行政执法与刑事司法的衔接，充实专业执法力量，加大执法力度，将植物新品种保护执法纳入林业行政综合执法范畴，保证执法经费，提高执法队伍素质和执法水平，增强县级以上林业行政主管部门植物新品种保护的行政执法能力，重点查处侵犯植物新品种权和假冒授权品种的案件，集中打击侵犯植物新品种权行为。

行动计划 7：林业植物新品种保护执法

项 目	主 要 内 容
法律法规完善	修改完善植物新品种保护法律法规，制定《林业植物新品种保护执法管理办法》和《林业植物新品种复审管理办法》，建立重大案件查处、督导和通报制度。
条件能力建设	加强林业植物新品种权行政执法能力建设，健全国家、省、市、县四级林业植物新品种保护执法体系，建立执法队伍，提高执法水平。建立全国林业植物授权品种基因图谱数据库，为执法取证提供技术支撑。
行政执法试点	开展植物新品种权行政执法试点工作，在品种权拥有或使用较多的地区选择 15 家作为试点，建立行政执法长效机制，促进新品种权行政执法与刑事司法的衔接，实现数据共享和协调配合。

（八）完善林业知识产权公共服务体系

整合国内外林业知识产权信息资源，进行数据深加工和统计分析，构建林业知识产权基础数据库、管理信息系统和公共信息服务平台，拓宽知识产权信息共享与咨询服务领域。在林业重大科研项目、重大工程立项阶段，强化专利查新、检索和审查，避免重复研究。在项目实施过程中，动态跟踪国内外相关技术的最新进展，找准技术创新的突破口。建立林业重点领域知识产权预警机制，制订应对预案，实时监测并发布林业重点领域国际知识产权动态，超前预警，引导林业企业公平参与国际竞争。培育林业知识产权交易市场，建立评估机制和交易平台，完善中介服务体系。支持中国林业产业联合会、中国花卉协会、中国竹产业协会等行业协会协调解决知识产权纠纷，提升行业维权与诉讼能力。

行动计划 8：林业知识产权公共服务体系建设

项 目	主 要 内 容
公共信息服务平台	完善和建设 15 个林业知识产权基础数据库，维护和管理“中国林业知识产权网”和“中国林业植物新品种保护网”，建立林业植物新品种电子申报系统，开展林业知识产权信息化示范，加强林业知识产权数据统计与分析，建成信息咨询服务综合平台。
知识产权预警机制	建立和完善林业专利信息预警分析系统，针对国际林产品贸易中知识产权纠纷易发领域进行动态跟踪和调查分析，适时发布林业重点领域的知识产权发展态势和预警分析报告。
中介服务机构	扶持建立 30 家区域性、专业性林业知识产权中介服务机构，开展林业知识产权咨询、代理、评估和交易等中介服务。
培育交易市场	建立林业知识产权评估机制和交易平台，举办林业植物新品种和专利技术展览会、推广会和交易会，促进林业知识产权转化运用。

（九）推进国际履约与合作交流

积极开展《国际植物新品种保护公约》（UPOV）和《生物多样性公约遗传资源获取和惠益分享议定书》的履约工作。加强对国际知识产权制度和规则的研究，为国际履约和谈判提供技术支撑。参加国际多边及双边活动，扩大国内外林业知识产权交流与合作。加大对重点林产品领域在国外申请专利的支持力度，做好海外专利布局，引导林业科研院所、高等院校和企业积极融入科技全球化进程，在国外申请专利，参与制定国际标准。建立林业知识产权重大涉外案件上报制度和维权援助机制，提高涉外知识产权纠纷的应对能力。

行动计划7：林业植物新品种保护执法

项　目	主 要 内 容
国际履约对策研究	开展《UPOV 公约》91 年文本与 78 年文本的利弊分析及对策研究，开展对林业生物遗传资源获取和惠益分享制度、《反假冒贸易协定》（ACTA）的研究，提出应对措施，为林业国际履约提供科学依据和技术支撑。
国外专利和植物新品种申请	鼓励并扶持林业企业和研发机构在国外申请专利和植物新品种权。新增国外林业专利 100 件，鼓励国外林业植物新品种权申请。

四、保障措施

（一）加强林业知识产权工作组织领导

建立林业实施知识产权战略和规划的联席会议制度，协调并指导林业知识产权战略、规划、计划和政策的制定和实施。制定林业知识产权战略年度推进计划，组织实施林业知识产权重点工作和重大活动。各级林业主管部门要切实加强林业知识产权工作的组织领导，明确管理机构和职责，结合本地区特点和实际，制定相应的政策措施，切实有效地推进本地区的知识产权保护工作。

（二）多渠道加大林业知识产权资金投入

各级林业主管部门应设立林业知识产权发展专项资金，用于林业知识产权工作的实施、奖励和专项补助。鼓励林业企事业单位多渠道筹集资金，切实保障知识产权工作机构运转和事业发展。鼓励和引导各类金融机构、风险投资、创业投资基金及社会资本进入林业知识产权转化和信息开发利用领域，营造政府、社会和企业等多元化投入的政策支持环境，共同推进专利技术的转化运用。鼓励金融机构依法开展林业专利等知识产权质押贷款，完善信用担保体系，加大对林业企业自主知识产权实施的贷款担保力度。

（三）强化林业企事业单位知识产权管理

鼓励林业企业建立知识产权的管理部门，完善管理体系，并设专人负责本单位知识产权的申请、管理和保护工作，建立健全知识产权档案和数据库。切实加强林业科研院所和高等院校的知识产权工作，完善管理机构和制度。积极推进林业科技计划管理体制改革，完善科技管理评价考核体系，突出知识产权在林业科技创新活动中的引领和导向作用，将知识产权工作纳入科研计划管理的全过程。加强对林业行业协会知识产权工作的指导、协调和服务，提高林业行业知识产权保护和管理水平。

（四）健全林业知识产权激励机制

各级林业主管部门及企事业单位要健全林业知识产权奖励机制，完善奖励办法，改革林业科研考核评价体系，把知识产权的数量、质量和效益作为评价地区或企事业单位坚持绿色发展、科技创新能力和技术进步水平的重要指标和条件。重点奖励职务发明人、植物新品种培育人以及在推动知识产权产业化过程中有突出贡献的单位和个人。积极推进林业专利权的转让、实施许可、投资入股、质押融资等各项政策措施的落实，支持、鼓励和推广林业专利技术的有偿转让或作价入股，让职务发明人分享更多的知识产权收益。加大对国内外林业发明专利、林业植物新品种权申请的资助力度，探索建立公益性林业植物新品种的政府补贴制度。

（五）加快林业知识产权人才培养和队伍建设

充分发挥和调动各方面的积极性，形成多层次、多渠道的林业知识产权教育培训体系，对林业知识产权管理及相关人员实施分类分级培训。完善吸引、使用和管理专业人才的相关制度，优化人才结构，形成一支与现代林业发展相适应的知识产权人才队伍。鼓励林业高等院校开设林业知识产权课程，培养专门人才。重点加强林业植物新品种专业测试队伍建设，以测试机构的测试人员为重点，定期开展田间测试、图像获取与分析、数据库构建和新测试技术的培训，建立面向育种人员和育种企业的长期培训制度。

（六）营造林业知识产权文化环境

创新林业知识产权宣传形式和内容，增强全社会的知识产权意识。充分利用报刊杂志、广播电视、网络等媒体以及科普平台，结合世界知识产权日、知识产权保护宣传周等，多渠道、多层次扩大林业知识产权保护知识、法律法规、政策激励以及典型案例的宣传面和普及率。积极培育尊重知识、崇尚创新、诚信守法的知识产权文化，营造有利于林业知识产权创造、保护和运用的良好氛围，提高林业行业的知识产权保护意识，形成全社会关注支持林业知识产权工作的文化环境。

稳步推进林业植物新品种权受理和审查工作

2013 年，加强了林业植物新品种培育，鼓励单位和个人积极培育和开发植物新品种，稳步推进植物新品种权受理和审查工作，林业植物新品种的申请量和授权量稳步增加。2013 年国家林业局植物新品种保护办公室共受理国内外植物新品种申请 177 件，其中：观赏植物品种权申请 113 件，占全年申请总量的 63.8%，国外申请 8 件；全年共完成 5 批 178 个新品种权申请的初步审查，组织对 110 个申请品种进行了特异性、一致性、稳定性的专家现场审查；购买了国外测试报告 3 批 34 份，转田间测试 1 批。2013 年分 2 批共授权植物新品种 158 件，印发了《林业植物新品种保护公报》2 期，对品种权申请、初审、授权及其他事项及时在“中国林业植物新品种保护网站”及《林业植物新品种保护公报》上公告，共发布公告 10 批，包括初审公告 5 批 178 个品种，转让公告 3 批，授权公告 1 批，品种权提前终止公告 1 批（3 个月季品种），确保了林业植物新品种审批和授权的公开公正。截至 2013 年年底，已受理国内外植物新品种申请 1 261 件，授予植物新品种权 658 件。

为扩大林业植物新品种的保护范围，推进国际化进程，有效促进新品种创新和保护育种者的合法权益，促进育种业的快速发展，经公开征集、整理、审查和专家审定，国家林业局局务会议审定通过，以国家林业局令（第 29 号）正式发布了《中华人民共和国植物新品种保护名录（林业部分）（第五批）》，包括 120 个植物属（种），自 2013 年 4 月 1 日起施行。至此，林业植物新品种保护名录累计达到 198 个属（种），植物保护名录大幅度增加，有效满足了广大育种者申请新品种保护的迫切需求。

9 月 28 日，第八届中国花卉博览会在江苏省常州市武进区隆重开幕，全国政协副主席何厚铧宣布第八届中国花卉博览会开幕，中国花卉协会名誉会长、第八届中国花卉博览会组织委员会名誉主任陈至立，江苏省省长、第八届中国花卉博览会组织委员会名誉主任李学勇出席开幕式，江苏省副省长徐鸣主持开幕式并致辞。国家林业局局长、第八届中国花卉博览会组织委员会主任赵树丛，全国政协人口资源环境委员会副主任、中国花卉协会会长、第八届中国花卉博览会组织委员会主任江泽慧分别致辞，国家林业局副局长张永利宣读了国家林业局公告（2013 年第 13 号），决定授予“中成 1 号”杨树等 84 个植物新品种权，国家领导人及有关部委领导为 16 位品种权人代表颁发了《植物新品种权证书》，彰显了林业植物新品种权的重要意义，对宣传林业植物新品种保护、提高品种权保护意识具有重要意义。（王琦）

成功举办UPOV测试及分子技术会议

2013 年 9 月 23～24 日，UPOV 测试及分子技术会议在北京召开，会议由国家林业局、农业部和 UPOV 共同举办，来自 UPOV 和欧盟、东盟有关国家以及韩国、日本和中国等 10 个国家的 80 多位代表参加了此次会议。

开幕式上，全国政协人口资源环境委员会副主任、中国花卉协会会长江泽慧教授，UPOV 副秘书长 Peter Button，国家知识产权局国际合作司刘剑副司长，农业部种子管理局局长、植物新品种保护办公室张延秋主任等领导和嘉宾分别致辞，分析了植物新品种保护目前面临的形势和任务，阐述了加强植物新品种 DUS 测试技术和测试方法研究的重要性，进一步明确了在重视常规测试技术应用的基础上，应探索分子测试技术在植物新品种 DUS 测试中的应用。

会议分为 3 个主题。

（1）关于植物新品种保护新进展主题。UPOV 秘书处、欧盟和韩国、日本以及中国农业部、国家林业局、中国花卉协会的代表分别介绍了植物新品种保护的现状和最新进展。通过这个主题会议，与会代表了解了 UPOV 各成员国在植物新品种保护方面的最新信息，分享了各国在植物新品种保护和测试技术方面的成功经验和具体做法。

（2）关于植物新品种分子测试技术研讨主题。欧盟和韩国、日本的专家分别介绍了分子技术在欧盟和韩国、日本植物新品种 DUS 测试中的应用，中国农业、林业科研机构的专家介绍了 DNA 指纹技术在品种鉴定和 DUS 测试中的应用，月季品种的 DNA 分析研究，分子技术在竹子育种中的应用。在这个主题会议上，专家们就分子技术在各国植物新品种保护 DUS 测试中的应用进行了综述，探讨了分子技术在植物新品种保护 DUS 测试中的应用前景。

（3）关于植物新品种常规测试技术研讨主题。欧盟和韩国、日本的专家分别介绍了欧盟和韩国、日本的观赏植物和林木 DUS 测试技术，中国农业、林业测试机构的专家分别介绍了水稻、玉米、蝴蝶兰、月季、牡丹和一品红新品种的 DUS 测试技术。在这个主题会议上，专家们介绍了常规测试技术在植物新品种测试应用中的成功经验。

本次会议以分子技术在植物新品种测试中的应用为主题，具有很强的引领性、前瞻性和创新性，共有国内外专家 26 人次进行了演讲，演讲者还与代表进行了深度互动，提出了许多很好的意见和建议，为代表们学习和交流植物新品种测试技术和经验提供了一个十分难得的机会，与会代表普遍反映受益匪浅。

本次会议是UPOV关于植物新品种保护和分子测试技术方面的重要会议，是推动分子技术在植物新品种测试中应用的重要举措，对加强植物新品种保护工作具有积极意义。

9月24日，国家林业局副局长孙扎根在北京会见了UPOV副秘书长Peter Button一行。孙扎根副局长介绍了中国林业的总体情况和林业植物新品种保护工作的情况，表达了中国作为UPOV成员国愿意也希望继续加强与UPOV的联系，密切双方合作，努力推进中国和国际植物新品种保护事业。副秘书长Peter Button赞赏中国在植物新品种保护方面所开展的工作及取得的成绩，他认为中国的植物新品种保护管理经验和测试技术体系对国际植物新品种保护工作及各成员国具有重要的借鉴和推广价值。双方一致表示，将继续在人员培训、UPOV测试指南编制等方面开展深入交流合作。

9月24日，UPOV官员、欧盟和亚洲国家植物新品种保护专家到中国林业科学研究院访问交流，参观了国家林业局植物新品种分子测定实验室、林木遗传育种国家重点实验室和中国林业科学研究院科研温室。围绕“分子技术在植物新品种保护体系中的应用”等问题，代表团成员与实验室科研人员进行了深入的交流和讨论，并对面临的机遇和挑战进行了展望。（周建仁　王忠明）

全面推进油茶遗传资源调查编目工作

中国油茶遗传资源十分丰富，其特有的经济价值和品质特性闻名于世，是国家木本粮油产业发展不可替代的战略性资源。为加强油茶遗传资源保护和管理，国家林业局决定用2～3年的时间在全国开展油茶遗传资源调查与编目工作，以摸清中国油茶资源情况及利用现状，推进油茶资源的保护与挖掘利用，加快油茶产业发展，保证国家粮油安全和生态安全。

油茶遗传资源调查与编目工作自2012年启动以来，在专家组技术指导下，17个油茶分布省（自治区、直辖市）的林业部门积极行动起来，成立了调查编目工作领导小组，制订了本地区实施方案，落实项目工作经费，组织专门力量迅速开展了调查编目工作。研究编制了《油茶遗传资源调查编目技术规程》行业标准。2013年1月16～18日国家林业局科技发展中心在浙江富阳召开了油茶遗传资源调查编目工作中期汇报会，来自17个油茶分布省（自治区、直辖市）林业厅（局）的代表及中国林业科学研究院等调查编目工作专家组成员共60多位代表参加了会议，总结交流了前一阶段工作，研究部署了后期工作，专家组针对各个省（自治区、直辖市）的工作情况进行了点评，重点指出不足、提出下一步工作建议及应该关注的物种和油茶遗传资源等。

为进一步了解各省（自治区、直辖市）油茶遗传资源调查编目工作的开展情况，确保按期完成外业调查工作，国家林业局科技发展中心于2013年5～8月组织检查组对海南、广西、四川、重庆、湖北、甘肃和陕西等部分省（自治区、直辖市）的油茶遗传资源调查编目工作进行了检查和督查。通过现场检查，获悉各地方外业调查工作进展顺利。

针对当前油茶遗传资源调查编目工作现状，国家林业局科技发展中心从加强组织领导、加大工作力度、加强沟通协调、发挥专家作用、筹措调查经费等5个方面对下一步的工作提出了具体要求，对部分技术力量稍弱的省（自治区、直辖市）专门进行了技术培训。至 2013 年年底，已完成了 80% 以上的野外调查工作，发现了一批新的油茶品种和优良植株，油茶遗传资源调查编目工作顺利推进，取得了阶段性成果。（李启岭）

制订《2013年林业知识产权战略实施推进计划》

为深入贯彻实施《国家知识产权战略纲要》，国务院成立了由 28 个部委（局）组成的国家知识产权战略实施工作部际联席会议，每年制订计划，共同推进知识产权战略实施工作。

按照《国家林业局关于贯彻实施 < 国家知识产权战略纲要 > 的指导意见》总体要求，国家林业局不断完善林业实施知识产权战略的协调议事制度。根据《2013 年国家知识产权战略实施推进计划》分配国家林业局的任务，国家林业局科技发展中心会同有关单位制订了《2013 年林业知识产权战略实施推进计划》，由国家林业局办公室正式印发实施。

《2013 年林业知识产权战略实施推进计划》重点围绕提升林业知识产权数量和质量、促进林业知识产权转化运用、加强林业植物新品种执法保护、提升林业知识产权管理能力和服务水平、加强林业知识产权宣传培训和对外交流等方面，提出了 22 项工作任务，分别由国家林业局科技司、政策法规司、国际合作司、宣传办公室、信息化管理办公室、场圃总站、科技发展中心、中国林业科学研究院等有关司（局）和直属单位牵头落实，明确了相关司局和单位的任务分工，确保战略实施工作顺利推进，取得实效，以促进林业自主创新，切实提升林业知识产权创造、运用、保护和管理水平，为推进林业科技创新、加快林业发展方式转变提供坚实支撑和保障。（龙三群）

印发《全国林业知识产权事业发展规划（2013～2020年）》

为加强林业知识产权工作，激励林业科技创新，促进现代林业科学发展，以党的十八大精神为指导，根据《国家知识产权战略纲要》、《国家知识产权事业发展“十二五”规划》、《林业发展“十二五”规划》和《国家林业局关于贯彻实施 < 国家知识产权战略纲要 > 的指导意见》的总体要求，组织专家编制了《全国林业知识产权事业发展规划（2013～2020 年）》(以下简称《规划》)。

《规划》分形势与需求、指导思想与发展目标、重点任务和保障措施四大部分，重点部署了加强林业植物新品种创制与运用、促进林业专利创造与转化运用、实施林业品牌战略、加强林业软件著作权保护、推进林业生物遗传资源及相关传统知识保护、开展林业知识产权试点示范、强化林业植物新品种保护执法、完善林业知识产权公共服务体系、推进国际履约与合作交流 9 项重点任务和行动计划。

《规划》是中国2013～2020年林业知识产权事业发展的总体部署，阐明了中国林业知识产权发展的总体思路，确定了指导思想、发展目标，明确了重点任务、行动计划和保障措施，对于2013～2020年期间中国林业知识产权事业的发展具有重要指导意义。

2013年6月20日，在北京国际竹藤大厦组织召开了《规划》的专家论证会。

《规划》经国家林业局局务会审议通过，12月31日国家林业局发布了《关于印发〈全国林业知识产权事业发展规划（2013～2020年）〉的通知》（林规发〔2013〕228号），要求林业系统各单位认真贯彻执行。（龙三群）

研究制订《林产品地理标志管理办法》

林产品地理标志是指林产品来源于特定地域，产品品质和相关特性主要取决于该地域的自然生态环境和历史人文因素，并以地域名称冠名的特有林产品标志。

地理标志属于特定领域的知识产权，许多林产品都具有地理标志特性。开展林产品地理标志的审核登记工作，对于促进当地林业产业发展、维护林农合法权益、增加农民收入、改善当地生态和民生具有重要意义。

为加强对特色林产品的有效保护，规范林产品地理标志的使用，保证地理标志林产品的品质和特色，提升林产品市场竞争力，根据《中华人民共和国森林法》、《中共中央 国务院关于加快林业发展的决定》、《中华人民共和国产品质量法》和《中华人民共和国标准化法》等有关规定，国家林业局拟建立林产品地理标志审核登记制度，并组织专家制定了《林产品地理标志管理办法》。该办法共分6章27条，包括：总则、申请受理、审核登记、标志使用、监督管理和附则，国家林业局已征求各司（局）、直属单位和各省（自治区、直辖市）林业主管部门的意见。（龙三群）

海峡两岸植物新品种保护合作

2013年4月22～26日，国家林业局科技发展中心（植物新品种保护办公室）及中国林业科学研究院林业研究所等单位一行4人赴中国台湾参加了“2013两岸植物品种保护研讨会”和“第2次两岸植物品种权工作组会议”，就两岸植物新品种保护工作达成多项共识，有力推动了两岸品种权保护机构间的技术交流与合作，促进了两岸植物新品种的创新、应用、保护和管理工作，提高了两岸林业科技创新能力和水平。本次研讨会和工作组会议是落实《海峡两岸知识产权保护合作协议》的一项重要活动，也是“2012两岸植物品种检定技术参访活动”中双方达成交流事项和内容的具体落实。本次研讨会和工作组会议准备充分、讨论深入，形成了多项共识，完成了预定任务和目标，成果丰硕。

一是增进了两岸植物新品种保护工作的相互了解，进一步加深了对植物新品种测试技术和方法的理解，并探讨了分子技术在植物新品种保护工作中应用的领域和前景，为两岸植物新品种保护的深入合作打下了基础。

二是在品种权审批制度、扩大品种保护名录、品种测试技术方面达成了共识，使双方能及时准确了解品种权的审批流程、及时交换测试指南文本、开展测试技术合作研究、加强管理人员和技术人员的交流和培训等。

三是国家林业局已将中国台湾方面提出的印度枣、夜来香属列为第五批中华人民共和国植物新品种保护名录（林业部分），将为台湾同胞在大陆申请植物品种权提供服务。

12 月，国家林业局植物新品种保护办公室向国务院台湾事务办公室提交了两岸植物品种权的交流合作情况年度报告。（王琦）

开展林业重点领域专利分析研究

专利文献的信息内容分析服务可以为科技创新寻找技术解决方案，使技术创新获得灵感，并能提高技术创新和科研的起点，同时避免重复研究、节约经费。因此，整合全球林业专利信息资源，利用科学的专利分析方法挖掘全球林业技术情报，不仅能为林业技术创新指明方向，而且还能为国家政策制定、林产品国际贸易和国际谈判提供技术支撑。

国家林业局知识产权研究中心引进了 Thomson Innovation（TI）专利分析平台，整合专利检索、分析和预警等功能，集成了专利信息、科技文献、商业情报、竞争分析情报等丰富的专业信息，带有专利引证树、专利地图、文本聚类等各类专利统计图表分析功能。TI 的德温特世界专利索引数据库（DWPI）是具有高附加值、深加工的专利数据库，收录了全球 48 个专利授权机构的专利数据，时间追溯到 1963 年。

建成了集专利检索、管理和分析功能于一体的林业专利信息预警分析系统，采用智能化的数据挖掘技术和先进的可视化技术，可自动进行几十种重要的专利分析、自动生成近百种统计图表，可实时监测和分析国内外林业行业相关领域的专利动态变化，为林业专利预警分析研究提供基础数据分析平台。

针对林业行业容易遭到国外专利壁垒的重点林产品领域进行了动态跟踪和调查分析，做好专利数据统计和分析，采用定量和定性相结合的分析方法，建立了一套科学、严谨的重点出口林产品领域的知识产权预警指标体系和应急机制，为破解林产品出口的技术贸易壁垒提供支撑。

2013 年组织开展了林业重点领域专利预警分析研究，完成了木 / 竹重组材、木材热处理、木地板锁扣技术等一系列专利分析报告的撰写，在《林业知识产权动态》上发表了 1985～2012 年中国林业科研教育机构专利分析、木材热处理技术专利分析、木地板锁扣技术最新专利动态分析、淀粉基木材胶黏剂技术专利分析和人造板连续压机技术专利分析等报告，出版了《世界林业行业专利技术现状与发展趋势》。

2013 年 7 月 3 日，在北京国际竹藤大厦组织召开了林业专利分析报告专家论证会，对《世界林业专利技术现状与发展趋势》和《木 / 竹重组材技术专利分析报告》进行了专家论证。（王忠明）

公布第三批林业知识产权试点单位

根据国家林业局办公室《关于公布第三批全国林业知识产权试点单位的通知》（办技字〔2013〕151 号）精神，为深入贯彻实施国家知识产权战略，提升林业企事业单位知识产权创造、运用、保护和管理水平，依据《国家林业局贯彻实施〈国家知识产权战略纲要〉的指导意见》确定的目标任务，在各省级林业主管部门和国家林业局有关直属单位推荐的基础上，按照林业知识产权试点单位的评定程序和条件，组织专家进行了认真评审，2013 年 12 月国家林业局公布了黑龙江省森林与环境科学研究院等 20 家林业企事业单位为第三批全国林业知识产权试点单位（表 1）。

表 1　第三批全国林业知识产权试点单位名单

序号	试点单位	序号	试点单位
1	黑龙江省森林与环境科学研究院	11	宁波市林业局林特种苗繁育中心
2	黑龙江省牡丹江林业科学研究所	12	安徽龙华竹业有限公司
3	吉林省长白山森工集团和龙人造板有限公司	13	安徽亿佳鑫木业有限公司
4	内蒙古自治区通辽市林业科学研究院	14	江西艺竹实业有限公司
5	上海植物园	15	深圳市兰科植物保护研究中心
6	江苏红豆杉生物科技股份有限公司	16	佛山市沃德森板业有限公司
7	江苏富祥木业股份有限公司	17	四川省林业科学研究院
8	无锡市博大竹木业有限公司	18	重庆市林业科学研究院
9	山东省烟台市林业科学研究院	19	金桥地板集团有限公司
10	山东新港企业集团有限公司	20	大兴安岭神州北极木业有限公司

试点工作自2014年1月正式启动，为期2年。试点工作由国家林业局统一组织，统一进行工作部署、指导、检查和验收。各省级林业主管部门和局有关直属单位要高度重视试点工作，督促试点单位做好试点实施工作，定期对试点单位进行检查、指导。

通知中要求各试点单位要精心组织，大胆探索，按照《全国林业企事业单位知识产权试点工作要求》认真制订试点工作方案和实施计划，设立试点工作专项经费，积极开展试点工作。试点工作方案和实施计划经省级林业主管部门审定后于2014年2月20日前报国家林业局备案。（龙三群）

全国林业企事业单位知识产权试点工作要求

一、指导思想

按照“激励创造、有效运用、依法保护、科学管理”的方针，着力完善林业企事业单位知识产权制度，探索建立林业知识产权与研发、生产、经营等活动有机结合的新机制，大力培育、积极运用和有效保护自主知识产权，不断提高林业企事业单位的核心竞争力，促进林业科学发展。

二、试点期限

试点为期2年。试点期满进行考核验收。成效显著的，转为示范单位，优先推荐参加全国企事业知识产权试点单位、示范单位及中国专利奖评选活动，并予以表彰、宣传和示范推广。

三、工作目标

到试点结束，试点工作要实现以下目标：

（1）拥有专利、植物新品种权、地理标志等知识产权的数量有较大幅度增长，质量有明显提高；

（2）知识产权运用效果明显增强，产业化水平得到提升，并取得有利于本单位长远发展和市场推广的实际效果；

（3）试点单位知识产权管理机构和管理制度基本健全，管理能力得到加强，对知识产权领域的投入大幅度增加，宣传、教育、保护工作取得明显成效，知识产权保护和维权意识显著提高。

四、试点内容

（1）建立知识产权工作专项资金。试点单位要多渠道解决本单位知识产权资金投入，企业可比照研发投入，事业单位可从事业收入中确定一定比例设立知识产权工作专项资金，专门用于本单位知识产权创造、运用、保护和管理各环节工作，切实保障知识产权工作有效运转。资金使用范围包括：技术研发；知识产权获取、维持；知识产权实施；信息网络建设；知识产权宣传培训；知识产权奖励；知识产权战略研究等。

（2）设立知识产权管理机构。试点单位要设立知识产权管理机构，明确管理职责，明确专人负责本单位知识产权的总体规划、运营、申请、管理和保护等工作。知识产权管理机构基本职责包括：制订知识产权工作管理办法；制订长远规划和年度计划；组织、参与知识产权战略的制定和实施；组织知识产权培训、宣传；建立知识产权信息数据库；管理知识产权申报、维护、资产评估、纠纷处理等工作；实施知识产权奖惩；管理知识产权工作专项资金。

（3）完善知识产权管理规章制度。试点单位要深入研究知识产权制度和世界贸易组织（WTO）相关规则，积极探索建立将知识产权与本单位研发、生产、经营、销售等工作有机结合的管理机制，创造性地建立健全符合本单位特点的知识产权管理制度、知识产权奖惩制度、知识产权保密制度、技术资料档案管理制度、知识产权工作考核办法、知识产权战略规划，有计划、分步骤地推进知识产权实施工作。

（4）加大知识产权管理力度。试点单位要加大本单位知识产权管理力度，切实抓好每个环节的知识产权管理工作。知识产权管理的主要内容包括：专利技术、植物新品种、地理标志等知识产权的开发；所有权申请、维持、放弃的确定；职务与非职务发明的审核确定；专利、植物新品种等知识产权的实施、评估、保护；无形资产的作价、转让、质押、许可贸易等运用实施；知识产权档案的管理；保密制度的执行；知识产权信息利用等。

（5）加强知识产权宣传培训。试点单位要结合本地区、本单位的实际情况，采取多种形式宣传普及知识产权知识，提高全体员工，特别是管理人员和科技人员对知识产权创造、运用和保护的认知程度，营造鼓励自主创新、自觉维护知识产权拥有者合法权益的良好环境；要通过多种途径培养造就一批专业创新的骨干人才，以及能够胜任本职工作的企事业知识产权工作者，提高他们的业务素质并发挥其作用。

（6）建立知识产权工作考核评价机制。试点单位要结合本单位实际情况，建立科学的考核评价体系，形成有效的激励机制，促进单位自主创新工作的发展；要制定合理的知识产权工作考核指标，纳入生产、经营和科技计划，统一下达部署并进行考核；要设立知识产权奖惩机制，加大对专利、植物新品种、地理标志的申请和获权，知识产权实施，知识产权诉讼等方面成绩突出人员的奖励力度，并将个人对知识产权工作的贡献纳入到评先、业绩考核及本单位职工的职称、职务晋升中。

五、试点的组织实施

试点工作由国家林业局组织实施，统一部署、评审、发布、授牌和验收。国家林业局科技发展中心承担具体工作。

省级林业科技主管部门、国家林业局有关直属单位具体负责辖区内或所属试点单位督导工作。

六、试点验收

试点期满，由国家林业局组织考核验收。考核验收主要依据为：试点方案确定的试点工作目标和试点内容要求，以及试点单位制订的《试点工作方案》。

考核验收工作由考核验收组负责，按照林业知识产权试点工作考核评价表内容，进行逐项打分和评议。考核验收组由受邀请的国家林业局和省级有关业务主管部门领导及专家组成。验收结果作为转为示范单位、继续试点和撤销试点的主要依据。（龙三群）

实施林业专利技术产业化推进项目

为深入贯彻实施国家知识产权战略，促进林业专利技术转化应用，推动林业产业转型升级，国家林业局科技发展中心在地方林业部门和有关单位推荐的基础上，经过专家评审，围绕木竹加工等林业重点产业发展需求，2013 年组织实施了 5 项林业专利技术产业化推进项目（表 2）。

启动了木地板、竹材加工知识产权保护联盟建设工作，通过建立产学研相结合的机制，在联盟内实现研发资源相互融合，专利技术互通共享，促进了林业产业转型升级。（龙三群）

表 2　2013 年林业专利技术产业化推进项目

序号	项目名称	承担单位
1	户外高耐竹材专利技术产业化推进	浙江大庄实业集团有限公司
2	环保型木材防腐剂的推广和应用	广东省林业科学研究院
3	平衡根系轻基质容器育苗专利技术产业化开发	山东省林业科学研究院
4	林用专化性白僵菌菌剂产业化关键技术研发与示范	福建省林业科学研究院
5	压力升降式育苗床产业化示范	广西壮族自治区林业科学研究院

开展林业授权植物新品种转化应用试点

为推进林业植物新品种转化应用，国家林业局科技发展中心联合中国花卉协会举办了第八届中国花卉产业论坛。论坛的主题为：加强花卉品种创新，建设美丽中国。在第八届花卉博览会开幕式上举行了植物品种权证书颁发仪式，中心主任胡章翠在论坛上作了题为《中国林业植物新品种保护现状与展望》的主题报告，受到了与会代表的热烈欢迎，扩大了林业植物新品种保护工作的影响。

2013 年 3 月，在上海召开了植物新品种转化应用工作座谈会，就如何发挥新品种服务社会、如何发挥新品种的最大效益与有关管理人员和专家进行了座谈，达到了预期目的。

5 月 30 日至 6 月 3 日，到内蒙古森工集团进行调研，并与相关部门开展对接活动。调研组一行先后到达根河林业局、汗马自然保护区等单位，考察了大果沙棘生产基地、樟子松和西北利亚红松育苗基地，并在牙克石举行了座谈会，内蒙古森工集团的主要领导及相关处室、研究所、规划院和部分林业局的领导共 50 多人参加。

国家林业局植物新品种保护办公室发布了植物新品种权转让公告 3 批，共涉及 3 个授权品种，分别是辽宁大连金州新区造林技术指导站培育的“春雪”连翘、刘中甫培育的“红如意石榴”、新疆伊犁师范学院培育的“天山祥云”月季，这表明授权新品种的市场潜力越来越大。编辑出版了《中国林业植物授权新品种》(2012)，集中宣传推介了最新授权的116个新品种。

为了服务生态林业、民生林业发展，鼓励林业品种创新，促进林业植物新品种推广和转化应用，提升授权新品种在林业发展中的贡献率，发布了《新品种转化应用项目申报指南》，在地方林业部门和有关单位推荐基础上，筛选出一批拟转化应用的林业植物新品种项目，为今后进一步开展试点工作提供了储备。

2013年启动了新品种转化应用试点工作，组织开展了油茶、茶花授权新品种转化应用试点，湖南省林业科学院培育的“朝霞”、“赤霞”2个油茶授权新品种和上海植物园培育的“玫玉”、“小粉玉”2个茶花授权新品种列入了2013年林业授权新品种产业化推进项目，加快了油茶、茶花新品种的推广，提升了观赏植物的品质，促进了生态建设和农民增收致富。开展油茶、茶花授权新品种转化应用试点将为其他植物新品种的转化提供指导和借鉴，推动中国植物新品种选育—生产—应用的整体发展。

为了深入剖析制约中国林业授权植物新品种转化应用的主要因素，并从政策机制上促进林业授权植物新品种的转化应用，2013年开展了林业授权植物新品种转化应用政策研究，力求通过构建促进中国林业授权植物新品种转化应用的政策框架，促进植物新品种转化应用，在经济社会发展中创造出更多的价值，同时也为改善生态环境提供有力支撑。(王琦)

实施林业生物遗传资源获取与惠益分享试点项目

世界上绝大多数遗传资源都分布于发展中国家境内，而拥有经济和技术实力对遗传资源进行开发的生物技术公司却多来自发达国家。发达国家无偿地从发展中国家获取遗传资源，对其进行商业性开发利用，由此获得巨额经济利益。但是，提供了遗传资源的发展中国家没有公平合理地分享由此而产生的各种惠益。因此，发展中国家将其行为称为“生物剽窃”。经过多年协商和谈判，2010年10月30日《生物多样性公约》第十次缔约国大会在会议闭幕之际表决通过了旨在规定遗传资源利益分配的《获取与惠益分享名古屋议定书》(以下简称《名古屋议定书》)。

为进一步加强对林业遗传资源的管理，探索林业遗传资源的获取与惠益分享管理经验，为中国履行《名古屋议定书》提出对策建议，国家林业局科技发展中心确定在贵州省黔东南苗族侗族自治州实施林业生物遗传资源获取与惠益分享试点项目。2013年6月17～18日国家林业局科技发展中心组织中国林业科学研究院、北京林业大学、中央民族大学、贵州省林业科学研究院专家赴贵州省凯里市，对试点实施方案进行了评审，同时对参加项目的州林业局、林业科学研究所、各县林业局、凯里学院等单位有关人员进行了技术培训，正式启动了黔东南苗族侗族自治州林业生物遗传资源获取与惠益分享试点项目，将为加强林业遗传资源管理探索经验。(李启岭)

多家林业企事业单位被列为国家级知识产权优势企业

为贯彻落实《国家知识产权战略纲要》和《全国专利事业发展战略（2011～2020年)》精神，加快形成一批拥有自主知识产权和知名品牌、国际竞争力较强的骨干企业，根据《关于开展国家级知识产权优势企业和示范企业培育工作的通知》要求，在有关部门和各地方的推荐下，经审核，国家知识产权局确定华为技术有限公司等127家企业为第一批国家级知识产权示范企业、中国神华能源股份有限公司等771家企业为第一批国家级知识产权优势企业，期限为2013年12月至2015年11月。

国家林业局推荐的深圳市燕加隆实业发展有限公司、中国林业科学研究院木材工业研究所入选《第一批国家级知识产权优势企业名录》。其他由地方推荐的大亚科技集团有限公司、浙江双枪竹木有限公司、浙江大庄实业集团有限公司、湖北宝源木业有限公司、好想你枣业股份有限公司、宁夏林业研究所股份有限公司、福建省尤溪县三林木业有限公司、昆明杨月季园艺有限责任公司、朝阳森塬活性炭有限公司等涉林企业也入选《第一批国家级知识产权优势企业名录》。

根据国家知识产权局开展企业知识产权优势培育工作的总体要求，优势企业要在所在部门指导下，结合自身实际，研究制订企业知识产权优势培育工作方案，工作方案经所在省或部委知识产权主管部门审核后印发，并报国家知识产权局专利管理司备案。方案要明确工作目标、工作机制、工作措施，建立顺畅有效的工作机制，部署落实企业知识产权优势培育工作各项措施，加大工作力度，推动企业知识产权管理标准化体系建设，着力提升知识产权数量和质量，不断增强知识产权保护和运用能力，加快形成企业知识产权竞争优势，有效支持企业创新发展。（龙三群）

加强林业植物新品种权行政执法工作

为了贯彻落实国务院“打击侵犯知识产权和制售假冒伪劣商品专项行动方案”，加强林业植物新品种权行政执法工作，国家林业局科技发展中心组织专家，研究起草了《林业植物新品种保护行政执法办法》。该办法主要依据《中华人民共和国植物新品种保护条例》、《中华人民共和国植物新品种保护条例实施细则（林业部分）》和《林业行政处罚程序规定》，同时参考了植物新品种权纠纷案件司法解释、专利行政执法办法、农业植物新品种侵权案件处理规定、行政诉讼法、行政诉讼法司法解释等相关规定。形成初稿后，又多次征求有关法律和林业专家的意见，经进一步修改完善后，形成了《林业植物新品种保护行政执法办法（送审稿）》。

加强了林业植物新品种权行政执法能力建设，完成了林业植物新品种权行政执法机构备案工作，明确了各省（自治区、直辖市）林业厅（局）、内蒙古森工集团、大兴安岭林业集团公司负责开展林业植物新品种权行政执法的承办机构、联系人和联系电话，旨在完善执法协作机制，逐步提高执法队伍素质和执法水平（表 3）。

启动了陕西省林业厅和河北省林业厅的林业植物新品种权行政执法试点工作，旨在探索建立行政执法长效机制，推动试点地区建立品种权行政执法信息平台，促进新品种权行政执法与刑事司法的衔接，实现数据共享和协调配合。

编印了《林业植物新品种权行政执法手册》，汇编了与植物新品种保护相关的政策法规，下发各省（自治区、直辖市）林业厅（局）及有关直属单位。

开展了林业植物授权品种基因图谱数据库建设工作，完成了 152 个月季品种 DNA 图谱的测定和建库，旨在为植物新品种权的行政执法取证提供技术支撑；开展了打击侵犯植物新品种权专项行动，加大了植物新品种保护执法力度，有效保护了育种者的合法权益，增强了全社会植物新品种保护意识，形成了打击侵犯植物新品种权的强大态势，共同营造有利于植物新品种保护的法治环境。(周建仁)

表 3　林业植物新品种权行政执法机构

序号	林业厅（局）	承办机构	网址
1	北京市园林绿化局	科技处	http://www.bjyl.gov.cn
2	天津市林业局	林业工作站	http://www.forestry.gov.cn/TJ.html
3	河北省林业厅	科技与国际合作处	http://www.hebly.gov.cn
4	山西省林业厅	科技处	http://www.sxforest.gov.cn
5	内蒙古自治区林业厅	林木种苗站	http://www.nmglyt.gov.cn
6	辽宁省林业厅	种苗站	http://www.lnly.gov.cn
7	吉林省林业厅	科技产业处	http://lyt.jl.gov.cn
8	黑龙江省林业厅	科技处	http://www.hljforest.com
9	上海市林业局	科技信息处	http://lhsr.sh.gov.cn
10	江苏省林业局	种苗站	http://www.jsforestry.gov.cn
11	浙江省林业厅	厅科技处 / 林业种苗管理总站	http://gov.zjly.gov.cn
12	安徽省林业厅	林业科技推广总站 / 林木种苗总站	http://www.ahly.gov.cn
13	福建省林业厅	科技处	http://www.fjforestry.gov.cn
14	江西省林业厅	厅科技与国际合作处	http://www.jxly.gov.cn
15	湖南省林业厅	科学技术与国际合作处	http://www.hnforestry.gov.cn
16	广东省林业厅	科技与交流合作处	http://www.gdf.gov.cn
17	广西壮族自治区林业厅	科技处	http://www.gxly.cn
18	海南省林业厅	林木种子（苗）总站	http://lyj.hainan.gov.cn
19	重庆市林业局	科技处	http://www.cqforestry.gov.cn
20	四川省林业厅	科技处	http://www.scly.gov.cn
21	贵州省林业厅	科技处	http://www.gzforestry.gov.cn
22	云南省林业厅	科技教育处	http://www.ynly.gov.cn
23	西藏自治区林业厅	造林绿化处	http://xzly.forestry.gov.cn
24	陕西林业厅	科教外事处	http://www.snly.gov.cn
25	甘肃省林业厅	科技处	http://www.gsly.gov.cn
26	青海省林业厅	科技处	http://www.qhlyt.gov.cn
27	宁夏回族自治区林业局	林木种苗管理总站	http://www.nxforestry.gov.cn
28	新疆维吾尔自治区林业厅	林木种苗管理总站	http://www.xjlyt.gov.cn
29	新疆生产建设兵团林业局	林木种苗管理总站	http://nyj.xjbt.gov.cn
30	内蒙古森工集团	营林生产处	http://www.imfic.com.cn
31	大兴安岭林业集团公司	科技信息部	http://www.dxal.gov.cn

2013年全国林业知识产权宣传周系列活动

2013 年 4 月 19 日，经过精心组织、周密筹备，全国林业知识产权宣传周活动全面展开。按照全国知识产权宣传周活动组织委员会统一部署，2013 年 4 月 19～26 日是全国知识产权周，将举办以“实施知识产权战略，支撑创新驱动发展”为主题的全国知识产权宣传周活动。

为落实好活动组织委员会的安排部署，切实增强林业知识产权意识，提高全行业知识产权工作水平，国家林业局科技发展中心会同信息化管理办公室、宣传办公室通过网络、电视、报纸等媒体开展了一系列宣传活动。

一是 4 月 21 日在中央电视台七套绿色时空栏目播出了《林业知识产权成果显著》专题新闻片；二是 4 月 19 日正式开通了 2013 林业知识产权宣传周网站，链接到国家林业局和国家知识产权局等政府网站，扩大了对林业知识产权的宣传；三是在 4 月 22 日《中国绿色时报》第二、三版刊发了《变中求进，看林业知识产权如何发力》宣传稿，4 月 26 日在《中国绿色时报》第四版刊发了《百花竞艳，全国林业知识产权试点单位“晒”成绩》等介绍林业知识产权试点工作成效的宣传稿件；四是在部分机关、社区张贴了宣传知识产权的海报；五是发布了《2012 林业知识产权年度报告》；六是出版了《中国林业植物授权新品种（2012）》，重点推介了 116 个林业植物新品种。

2013 年林业知识产权宣传周系列活动按照中央八项规定和局党组十八条细则的要求，改进工作作风，讲求实效，推动全国林业知识产权工作取得了新的成绩。（龙三群　吴世军）

林业系统知识产权先进集体和个人获表彰

为表彰先进，树立典型，进一步推动知识产权战略实施工作，人力资源社会保障部、国家知识产权战略实施工作部际联席会议办公室做出了《关于表彰国家知识产权战略实施工作先进集体和先进工作者的决定》，对《国家知识产权战略纲要》实施5年来，在知识产权战略实施工作中涌现的60个先进集体和30名先进工作者进行了表彰。国际竹藤中心科技教育处和中国林业科学研究院林业科技信息研究所王忠明研究员分别荣获国家知识产权战略实施工作先进集体和先进工作者荣誉称号。（龙三群）

5项林业专利获第十五届中国专利优秀奖

第十五届中国专利奖评选在京揭晓，国家林业局推荐的“生物质内循环锥形流化床气化工艺及设备”、“利用杨木加工剩余物制取文化用纸配抄用漂白化机浆的方法”、“脲醛树脂助剂及其制备方法和应用”，中国林产工业协会推荐的“环保型胶合板生产工艺”，王明庥、李坚院士推荐的“一种集装箱底板及其制造方法”5项林业发明专利荣获第十五届中国专利优秀奖（表4）。本届获奖专利整体表现为创新及设计水平高，实用性强，为专利权人赢得了显著的经济效益和市场竞争力，表现出很强的创新发展优势。

据了解，中国专利奖由国家知识产权局和世界知识产权组织共同评审，中国专利奖的公信力、权威性、代表性和影响力日益增强，目前已成为推进中国知识产权事业

表4　第十五届中国专利优秀奖——林业项目

专利号	专利名称	专利权人	发明人	推荐单位或院士
01108139.2	生物质内循环锥形流化床气化工艺及设备	中国林业科学研究院林产化学工业研究所	蒋剑春、张进平、应浩、戴伟娣、刘石彩、陶渊博、金淳	国家林业局
200910181331.9	利用杨木加工剩余物制取文化用纸配抄用漂白化机浆的方法	中国林业科学研究院林产化学工业研究所	邓拥军、房桂干、韩善明、焦健、李红斌、李萍	国家林业局
200910082277.2	脲醛树脂助剂及其制备方法和应用	永港伟方（北京）科技股份有限公司	雷得定、刘波	国家林业局
00134681.4	环保型胶合板生产工艺	中国林业科学研究院木材工业研究所	王正、郭文静	中国林产工业协会
98111153.X	一种集装箱底板及其制造方法	南京林业大学、迪勤国际发展有限公司	张齐生、陈瑞晃、孙丰文	王明庥、李坚

发展的重要平台，对于激发全社会的创新热情、提升专利质量、促进知识产权工作发挥了积极的导向和良好的示范作用。

第十五届共评出中国专利金奖项目 20 项，中国外观设计金奖项目 5 项，中国专利优秀奖项目 336 项，中国外观设计优秀奖项目 53 项。（龙三群）

编印《林业知识产权动态》

为加强林业知识产权信息服务工作，跟踪国内外林业知识产权动态，实时监测和分析林业行业相关领域的专利动态变化，为国际履约和谈判提供信息支撑，2013 年编印了《林业知识产权动态》6 期，双月 18 日发行，每期 20 页，分动态信息、政策探讨、研究综述、统计分析 4 个栏目，全年共发表动态信息 40 篇，政策探讨论文 8 篇，研究综述报告 7 篇和统计分析报告 8 篇。

《林业知识产权动态》为内部刊物，双月刊，由国家林业局科技发展中心主办，国家林业局知识产权研究中心承办，旨在跟踪国内外林业知识产权动态、政策、学术前沿和研究进展。通过组织专家进行信息采集、分析、翻译和编辑整理，对世界各国的林业知识产权现状及相关政策进行深入解读，提供林业知识产权信息服务。该刊内容包括：各国林业知识产权动态、相关法律法规、国际履约相关问题研究、各国专利、植物新品种和生物遗传资源研究进展、林业重点领域专利分析研究、知识产权信息统计分析等。读者对象为知识产权相关的管理、科研、教学和企业人员。（马文君）

发布《2012林业知识产权年度报告》

为实施国家知识产权战略，推进林业知识产权工作，全面总结 2012 年林业知识产权工作的主要进展和成果，2013 年 4 月 26 日由国家林业局科技发展中心、国家林业局知识产权研究中心负责编印的《2012 林业知识产权年度报告》正式发布。

该报告指出，2012 年国家林业局切实推进林业知识产权创造、运用、保护与管理工作，认真组织实施国家知识产权战略和年度推进计划，大力开发和利用知识产权资源，加快林业发展方式转变，带动林农增收致富，提高了林业自主创新能力和核心竞争力，取得了显著成效。这一年，国家林业局成立了知识产权研究中心，举办了全国林业植物新品种发布推介会暨林业植物新品种保护与应用交流研讨会，启动了全国油茶遗传资源调查编目工作，发布了油茶遗传资源调查技术规程，完成了第一批全国林业知识产权试点工作总结验收，开展了林业植物新品种领域职务育种制度调研和林业授权植物新品种侵权情况调研，组织了林业植物新品种行政执法培训，实施了打击侵犯植物新品种权专项行动。2012 年国家林业局植物新品种保护办公室共受理植物新品种权申请 222 件，授予植物新品种权 169 件。据统计，2012 年共获得林业相关专利 18 411 件，林产品地理标志 93 件，林业驰名商标 17 件，林业软件著作权 547 项，2 项林业专利获中国专利优秀奖，出版林业图书 2 000 余部。

报告全面总结了 2012 年林业知识产权工作的主要进展和成果，旨在通过对一年来林业知识产权工作主要进展和成果的展示，让更多的人了解、关心和支持林业知识产权工作，共同推进林业知识产权的创造、运用、保护和管理，为推动现代林业科学发展提供支撑。（王忠明）

出版《中国林业植物授权新品种（2012）》

植物新品种保护制度的实施大幅提升了社会对植物品种权的保护意识，同时带来了林业植物新品种的大量涌现，这些新品种已在中国林业生产建设中发挥了重要作用。截至 2012 年年底，国家林业局共受理国内外林业植物新品种申请 1 084 件，授予植物新品种权 500 件，其中 2012 年共受理国内外林业植物新品种申请 222 件，授权 169 件。这充分表明，林业植物新品种权的申请和授权数量在大幅增加，林业植物新品种保护事业已进入快速发展时期。

为了方便生产单位和广大林农获取信息，更好地为发展生态林业、民生林业和建设美丽中国服务，国家林业局植物新品种保护办公室将 2012 年 4～12 月期间授权的 116 个林业植物新品种进行整理，编辑出版了《中国林业植物授权新品种（2012）》一书。该书的出版，能在生产单位、林农和品种权人之间架起沟通的桥梁，使生产者能够获得所需的新品种，在推广和应用中取得更大的经济效益；同时，品种权人的合法权益能得到有效地保护，获得相应的经济回报，使林业植物新品种在发展现代林业、建设生态文明、推动科学发展中发挥更大的作用。（张慕博）

出版《世界林业专利技术现状与发展趋势》

2013 年 10 月，国家林业局知识产权研究中心编著的《世界林业专利技术现状与发展趋势》由中国林业出版社出版发行。

为全面了解世界林业专利技术现状，深入分析林业行业全球专利技术的申请和分布状况，掌握林业行业的技术发展趋势、主要竞争对手、技术领域和近年来的研究热点，为林业科学研究和科技创新提供数据支撑及决策参考，受国家林业局科技发展中心委托，国家林业局知识产权研究中心组织开展了世界林业专利技术分析研究。

该书系统收集了截至 2011 年年底世界各国公开的与林业相关的发明和实用新型专利技术文献 671 458 件，覆盖 90 个国家和地区，最早的林业专利技术文献追溯到 1849 年。该书数据来源包括德温特世界专利索引、德温特专利引文索引、美国专利全文、欧洲专利全文等数据库。

该书主要内容包括：

（1）世界林业行业专利总体分析。从专利申请趋势、专利保护地域、各国研发实力、主要专利权人、主要技术领域、研发热点技术和主要受理国专利法律状态等方面进行统计分析。

(2) 林业产业和重点技术领域专利分析。分森林培育、木材加工、人造板、林产化工、竹藤、林业机械、木地板和林业生物质能源8个产业和重点技术领域，从专利申请趋势、专利保护地域、各国研发实力、主要专利权人、发明人、主要技术领域和研发热点技术等方面进行统计分析。

(3) 世界林业专利发展趋势预测分析。采用IBM SPSS v19软件系统，差分自回归滑动平均型自相关模型ARIMA（p，q，d），置信区间设置为95%，预测期限为2012～2020年，对世界林业专利总体发展趋势和8个林业产业和重点技术领域的专利发展趋势进行预测分析，并重点对1986年以后世界主要国家林业专利发展趋势和贡献率进行了对比分析。

(4) 全球重点林业科研机构专利分析。选取美国林务局、加拿大林务局、日本森林综合研究所、韩国国立山林科学院和中国林业科学研究院5家科研机构作为分析对象，从专利申请趋势、专利地域分布、主要技术领域、技术研究热点和专利法律状态5个方面进行统计分析。

(5) 林业核心专利技术分析。按照专利被引证次数和同族数，从森林培育、木材加工、人造板、林产化工、竹藤、林业机械、木地板和林业生物质能源8个林业产业和重点技术领域的专利数据中各筛选2件专利作为核心专利，对其技术特点、技术优势以及相对现有技术做出的改进加以概括和揭示，并给出该件专利的引证关系路线图。通过引证分析，确定该技术的发展脉络，并预测该技术的发展趋势。

全书共分8章，分别为背景、数据源和分析方法、世界林业专利总体分析、林业产业和重点技术领域专利分析、世界林业专利发展趋势预测分析、全球重点林业科研机构专利分析、林业核心专利分析、总结与建议。

该书资料系统、数据翔实，具有较强的科学性、可读性和实用性，可供林业行政管理部门和企事业单位的广大干部、科研和教学人员参考，将为林业科学研究和技术创新提供专利数据支撑。（王忠明）

举办林业植物新品种保护管理培训班

植物新品种保护已日益受到国际社会广泛关注，加强植物新品种的创造、运用、管理和保护，已成为发展生态林业和民生林业、提高林业产业核心竞争力的重要举措。为提高林业植物新品种保护意识，鼓励植物品种权申请，促进授权新品种转化应用，2013年6月13～15日由国家林业局科技发展中心主办、管理干部学院承办的林业植物新品种保护培训班在银川举办，来自各省（自治区、直辖市）林业厅（局）科技处、林业科研院所及有关高校等相关管理人员100余人参加了培训。

国家林业局科技发展中心常务副主任王伟、宁夏回族自治区林业局副局长王洪界参加了开班仪式并致辞。经过精心准备，培训班为学员们安排了中国林业植物新品种保护应用现状与对策、林业植物新品种申报审批规程、品种权受理与申请文件填写要求、林业植物新品种网站与信息系统介绍、国际植物新品种保护发展趋势、森林认证体系构建、引进国外智力技术与管理共 7 个讲座，组织学员参观了枸杞授权新品种示范园。（王琦）

举办林业知识产权培训班

为深入贯彻实施国家知识产权战略，提高林业行业知识产权保护意识，提升林业知识产权创造、运用、保护和管理能力，2013 年 12 月 18～20 日国家林业局科技发展中心在广东省珠海市举办了全国林业知识产权培训班。各省（自治区、直辖市）林业厅（局）、局有关直属单位和内蒙古、吉林、龙江、大兴安岭森工（林业）四大集团公司科技处主管人员以及林业知识产权试点单位主管人员，东北、南京林业大学科技处主管人员共 80 多人参加了培训。

培训班邀请了国家知识产权局、中国林产工业协会、国家林业局科技发展中心和国家林业局知识产权研究中心的多位专家授课，分别就国家知识产权战略实施、林产品国际贸易中的知识产权问题、知识产权如何助力林业科技创新、世界林业专利技术现状与发展趋势、林业知识产权战略实施情况以及林业知识产权发展规划等专题进行了培训。湖南林业科学院和大亚科技集团的知识产权负责人介绍了本单位的知识产权试点工作情况，分享了林业知识产权试点工作经验。

培训班还组织代表参观考察了巴洛克木业（中山）有限公司和珠海农科园。国家林业局科技发展中心就第二批全国林业知识产权试点验收工作进行了部署。（龙三群）

林业知识产权宣传和媒体报道

2013 年，充分利用报刊、电视和网络等媒体以及科普平台，结合世界知识产权日、知识产权保护宣传周等，多渠道、多层次扩大林业知识产权动态、政策法规、创新成果和典型案例的宣传面和普及率，积极培育尊重知识、崇尚创新、诚信守法的知识产权文化，营造有利于林业知识产权创造、保护和运用的良好氛围，提高了林业行业的知识产权保护意识，形成了全社会关注和支持林业知识产权工作的文化环境。全年在中国政府网、人民网、国家林业局网、国家知识产权网、中国林业知识产权网、中国林业信息网、中国林业植物新品种保护网等主要网站登载或转载有关林业知识产权的报道 200 多篇；4 月 21 日，在中央电视台七套绿色时空栏目播出了《林业知识产权成果显著》专题新闻片，在“纲要实施 5 周年林业专题”网站上开通了林业知识产权视频频道，可在线观看。在《中国绿色时报》和《中国知识产权报》上发表林业知识产权相关报道 43 篇（表 5），重点报道包括：《中国知识产权报》3 月 13 日刊发的《用知识产权为林业创新保驾护航》、10 月 11 日刊发的《我国林业植物新品种授权量累计达 500 件》；《中国绿色时报》1 月 30 日刊发的《第五批林业植物新品种保护名录公布》、4 月 22 日刊发的《变中求进，看林业知识产权如何发力》，4 月 26 日刊发的《百花竞艳，全国林业知识产权试点单位“晒”成绩》、6 月 25 日刊发的《滇月季新品“赤子之心”获欧盟授权》和《“美人榆”获美国植物新品种权》、8 月 20 日刊发的《我国植物 DUS 评价技术达国际先进水平》、9 月 26 日刊发的《孙扎根会见 UPOV 副秘书长皮特•巴顿》、11 月 19 日刊发的《申授数量持续增加 权益保护任务艰巨》、12 月 13 日刊发的《第三批全国林业知识产权试点单位公布》等。（王忠明　马文君）

表 5　林业知识产权主要媒体报道

序号	标　题	报道日期	载　体
1	第五批林业植物新品种保护名录公布	20130130	中国绿色时报
2	福建林业再添 3 枚中国驰名商标	20130130	中国绿色时报
3	山东首个知识产权兰花新品问世	20130205	中国绿色时报
4	用知识产权为林业创新保驾护航	20130313	中国知识产权报
5	“美人榆”产权单位证实维权合法性	20130319	中国绿色时报
6	加强知识产权保护成今年我国林业工作要点	20130320	中国知识产权报
7	变中求进　看林业知识产权如何发力	20130422	中国绿色时报
8	试点引航　助推业内知识产权工作翱翔	20130422	中国绿色时报
9	林业知识产权建设三大亮点	20130422	中国绿色时报
10	中国林业知识产权建设成就专题	20130422	中国绿色时报
11	植物新品种　林业知识产权的生力军	20130422	中国绿色时报
12	全国林业知识产权宣传周活动启动	20130424	中国绿色时报
13	百花竞艳，全国林业知识产权试点单位“晒”成绩	20130426	中国绿色时报
14	绩效奖惩知识产权创造的发动机	20130426	中国绿色时报
15	法律打造知识产权保护的金盾	20130426	中国绿色时报
16	规范管理　保护知识产权颇有一套	20130426	中国绿色时报
17	艳惊八桂　两年斩获 21 件专利授权	20130426	中国绿色时报
18	专利技术打开的另一扇门	20130426	中国绿色时报
19	甘肃强力推进林业知识产权战略	20130510	中国绿色时报
20	我国林业领域已拥有发明专利近 6 万件	20130513	中国知识产权报
21	昆明 6 种梅花获植物新品种权	20130528	中国绿色时报
22	云南花卉新品数量位居全国榜首	20130528	中国绿色时报
23	滇月季新品“赤子之心”获欧盟授权	20130625	中国绿色时报
24	“美人榆”获美国植物新品种权	20130625	中国绿色时报
25	“全球森林遗传资源行动计划”有四个关键行动	20130702	中国绿色时报
26	2013 年林业知识产权战略推进计划出炉	20130705	中国绿色时报
27	我国植物 DUS 评价技术达国际先进水平	20130820	中国绿色时报
28	大余花卉用商标品牌激发产业活力	20130827	中国绿色时报
29	杨月季又有 5 个新品获品种权证书	20130903	中国绿色时报
30	“阳光女孩”获得植物新品种权证书	20130903	中国绿色时报

（续）

序号	标　题	报道日期	载　体
31	商洛核桃获国家地理标志商标	20130904	中国绿色时报
32	我国林业植物新品种授权 500 件	20130925	中国绿色时报
33	孙扎根会见 UPOV 副秘书长皮特•巴顿	20130926	中国绿色时报
34	中国林科院[①]又添多项国家发明专利	20131008	中国绿色时报
35	我国林业植物新品种授权量累计达 500 件	20131011	中国知识产权报
36	大力进行品种创新努力建设美丽中国	20131022	中国绿色时报
37	山东林科院[②]选育出两杨树新品种	20131022	中国绿色时报
38	申授数量持续增加　权益保护任务艰巨	20131119	中国绿色时报
39	两种林业图书获“三个一百”原创图书奖	20131119	中国绿色时报
40	第三批全国林业知识产权试点单位公布	20131213	中国绿色时报
41	探索建立林业知识产权新机制	20131216	中国绿色时报
42	竹山肚倍成国家地理标志产品	20131220	中国绿色时报
43	扎兰屯强化林产品商标品牌培育	20131226	中国绿色时报

注：① 全称为“中国林业科学研究院”；②全称为“山东省林业科学研究院”。

林业植物新品种测试体系建设

开展植物新品种DUS测试，是审批授权机关对申请品种进行实质审查的重要内容，通过建立健全林业植物新品种保护的技术支撑体系，加快测试指南编制，完善已知品种数据库，加强测试机构的合理布局和条件能力建设，有效提高了审查测试能力。

2013年完善了林业植物新品种的测试机构及配套设施，重点加强了1个植物新品种测试中心、3个分中心、2个分子测定实验室和5个专业测试站的条件能力建设(表6)。2013年12月30日国家林业局植物新品种测试中心华北分中心建设项目通过竣工验收。

表6　林业植物新品种DUS测试机构

分类	测试机构名称	承担单位	所在地
测试中心	植物新品种测试中心	国家林业局植物新品种保护办公室	北京市东城区
测试分中心	华北分中心	中国林业科学研究院华北林业实验中心	北京市门头沟区
	华东分中心	中国林业科学研究院亚热带林业实验中心	江西分宜县
	华南分中心	中国林业科学研究院热带林业实验中心	广西凭祥市
分子测定实验室	国家分子测定实验室	中国林业科学研究院林业研究所	北京市海淀区
	南方分子测定实验室	南京林业大学	江苏省南京市
专业测试站	月季测试站	云南省花卉技术培训推广中心	云南省昆明市
	一品红测试站	上海市林木花卉育种中心	上海市九亭乡
	牡丹测试站	山东省菏泽市牡丹高新技术产业基地	山东省菏泽市
	杏测试站	北京市农林科学院林业果树研究所	北京市海淀区
	竹子测试站	国际竹藤中心安徽太平试验中心	安徽省黄山市

启动了《林业植物新品种测试体系规划》编制工作，组织专家开展了6项林业植物新品种DUS测试指南的编制工作，测定了152个月季品种的DNA图谱，完成了57个申请品种的测试工作，完善了新品种授权管理信息系统，提高了授权管理水平。

截至2013年年底，共开展了71项林业植物新品种DUS测试指南编制工作，完成了杏、柳属、山茶属、蔷薇属、核桃属和枸杞属等27项测试指南的编制，分别以国家标准或行业标准发布，有效提高了授权质量和审查测试能力（表7）。

开展了植物新品种测试新技术开发应用和DNA快速检测方法等测试技术研究，承担了UPOV丁香属和核桃属测试指南编制任务。中国林业科学研究院亚热带林业研究所牵头制定的一项国际标准《山茶属——植物新品种特异性、一致性、稳定性测试指南》已获UPOV批准，由国际植物新品种保护联盟官方网站（www.upov.int）以英、法、德、西班牙文正式发布。该指南的制定工作历时6年多，是中国完成的首个观赏植物类国际测试指南文件。（周建仁）

表7　林业植物新品种DUS测试指南

序号	属（种）	标准号	标准名称	标准类型
1	连翘属	GB/T 24883-2010	植物新品种特异性、一致性、稳定性测试指南 连翘属	国家标准
2	梅	GB/T 24884-2010	植物新品种特异性、一致性、稳定性测试指南 梅	国家标准
3	桂花	GB/T 24885-2010	植物新品种特异性、一致性、稳定性测试指南 桂花	国家标准
4	榛属	GB/T 24886-2010	植物新品种特异性、一致性、稳定性测试指南 榛属	国家标准
5	鹅掌楸属	GB/T 24887-2010	植物新品种特异性、一致性、稳定性测试指南 鹅掌楸属	国家标准
6	核桃属	GB/T 26909-2011	植物新品种特异性、一致性、稳定性测试指南 核桃属	国家标准
7	柳属	GB/T 26910-2011	植物新品种特异性、一致性、稳定性测试指南 柳属	国家标准
8	山茶属	GB/T 26911-2011	植物新品种特异性、一致性、稳定性测试指南 山茶属	国家标准
9	杏	GB/T 30362-2013	植物新品种特异性、一致性、稳定性测试指南 杏	国家标准
10	紫薇	LY/T 1847-2009	植物新品种特异性、一致性、稳定性测试指南 紫薇	行业标准
11	榆叶梅	LY/T 1848-2009	植物新品种特异性、一致性、稳定性测试指南 榆叶梅	行业标准
12	丁香属	LY/T 1849-2009	植物新品种特异性、一致性、稳定性测试指南 丁香属	行业标准
13	一品红	LY/T 1850-2009	植物新品种特异性、一致性、稳定性测试指南 一品红	行业标准
14	板栗	LY/T 1851-2009	植物新品种特异性、一致性、稳定性测试指南 板栗	行业标准
15	杜鹃花属映山红亚属和羊踯躅亚属	LY/T 1852-2009	植物新品种特异性、一致性、稳定性测试指南 杜鹃花属 映山红亚属和羊踯躅亚属	行业标准
16	杜鹃花属常绿杜鹃亚属和杜鹃花亚属	LY/T 1853-2009	植物新品种特异性、一致性、稳定性测试指南 杜鹃花属 常绿杜鹃亚属和杜鹃花亚属	行业标准
17	蔷薇属	LY/T 1868-2010	植物新品种特异性、一致性、稳定性测试指南 蔷薇属	行业标准
18	云杉属	LY/T 1869-2010	植物新品种特异性、一致性、稳定性测试指南 云杉属	行业标准
19	柿	LY/T 1870-2010	植物新品种特异性、一致性、稳定性测试指南 柿	行业标准

（续）

序号	属（种）	标准号	标准名称	标准类型
20	刺槐属	LY/T 1871-2010	植物新品种特异性、一致性、稳定性测试指南 刺槐属	行业标准
21	枣	LY/T 2190-2013	植物新品种特异性、一致性、稳定性测试指南 枣	行业标准
22	臭椿属	LY/T 2094-2013	植物新品种特异性、一致性、稳定性测试指南 臭椿属	行业标准
23	黄杨属	LY/T 2095-2013	植物新品种特异性、一致性、稳定性测试指南 黄杨属	行业标准
24	桑属	LY/T 2096-2013	植物新品种特异性、一致性、稳定性测试指南 桑属	行业标准
25	木兰属	LY/T 2097-2013	植物新品种特异性、一致性、稳定性测试指南 木兰属	行业标准
26	蜡梅	LY/T 2098-2013	植物新品种特异性、一致性、稳定性测试指南 蜡梅	行业标准
27	枸杞属	LY/T 2099-2013	植物新品种特异性、一致性、稳定性测试指南 枸杞属	行业标准

植物新品种测试中心华北分中心建设项目通过竣工验收

“国家林业局植物新品种测试中心华北分中心”位于北京市门头沟九龙山，包括实验楼、温室测试区和野外测试基地，由中国林业科学研究院华北林业实验中心建设、运营和管理，主要承担以华北为主要栽培区域申请品种的田间测试、品种资源收集和保存，并提供新品种保护测试的技术咨询与服务。项目建设实验楼 580m^2，温室 1 344m^2，野外测试基地 380 亩，保存品种 22 科 42 属 60 个树种，以用材树种和园林绿化树种为主。项目总投资 437.33 万元，分别用于实验楼、温室、野外测试基地和设备购置等，实际完成建设投资 100%。受国家林业局计资司委托，国家林业局科技发展中心（新品种保护办公室）组织专家组，于 2013 年 12 月 30 日对该项目进行了竣工验收。

验收组听取了建设单位关于项目建设情况的总结报告，分组审阅了基建工程、财务决算、审计报告等相关验收材料，并实地查验了植物新品种测试实验楼、温室和野外测试基地。经充分讨论认为，该项目已经完成了各项建设任务。基建工程经“四方”验收合格，仪器设备安装到位，项目建设实行了“四制”管理，资金使用合规，项目达到了预期建设目标，同意通过竣工验收。

国家林业局植物新品种测试基地建设项目是植物新品种测试体系建设的重要部分，建设内容包括 1 个测试中心、3 个区域性测试分中心和 2 个实验室，截止 2013 年年底，国家林业局植物新品种测试中心建设项目各分项目的竣工验收已全部完成，将有力支撑林业植物新品种授权的 DUS 测试工作。（龙三群）

林业知识产权基础数据库和共享平台建设

知识产权作为国家、地区、行业发展的战略性资源和国际竞争力的核心要素，已经成为提升自主创新能力的重要支撑。科技创新的基础是知识的积累、传播、运用和创新，专利文献和科学数据是提供知识和技术的源泉，是科技创新的基础。为研究人员提供高水平的知识产权信息服务，帮助他们全面了解和把握全球科学研究的过去、现在和将来非常重要。充分利用和整合国内外林业知识产权信息资源，建立林业知识产权数据库和公共信息服务平台将为林业科学研究和科技创新提供信息支撑，提高林业知识产权信息资源的利用效率和共享水平。

国家林业局知识产权研究中心系统收集和整理了国内外与林业知识产权相关的主要科学数据和文献资料，构建了知识产权信息资源的组织、收集和整合建设机制，加大了林业知识产权信息资源的整合、专家知识的搜集和数据库建设力度，完善和建设了林业专利、林业植物新品种权、林产品地理标志、林业生物遗传资源、林业商标、林业图书和软件著作权等林业知识产权基础数据库15个。2013年，新增数据量5万条，入库数据记录累计50多万条。

为配合2013年全国知识产权宣传周活动、《国家知识产权战略纲要》实施5周年林业专题宣传活动的开展，推动林业知识产权工作，宣传和展示林业知识产权的主要成果和最新进展，由国家林业局科技发展中心主办、国家林业局知识产权研究中心承办的“2013林业知识产权宣传周”、“纲要实施5周年林业专题”网站（http://www.cfip.cn:1012）上线运行，并与国家林业局、国家知识产权局网站动态链接，图文并茂地展示了中国林业知识产权所开展的工作和取得的主要成就。网站从林业知识产权综述、动态信息、领导讲话、政策法规、专项工作、试点示范、宣传培训、执法保护、能力建设、国际履约、统计分析、年度报告、授权品种、成就展览和视频展示15个方面进行全面展示，内容包括林业知识产权动态、2010～2012林业知识产权年度报告、已授权的500件林业植物新品种、林业知识产权综述和视频等，以进一步提升林业科技创新能力，促进林业知识产权转化运用，支撑现代林业科学发展。

2013年，维护和管理了中国林业知识产权网（http://www.cfip.cn）和中国林业植物新品种保护网（http://www.cnpvp.net）。该平台基于关系型数据库并采用动态网页生成技术，实现了信息、内容、数据的动态、实时发布及全文检索等功能，解决了网络平台不同类型、结构数据库的建库技术和检索方法，以及数据库分级分类管理、全文检索和跨库检索等关键技术。网上信息每日更新，免费使用，扩大了林业知识产权信息资源的共享途径和使用范围，网站提供全年不间断、安全、稳定的在线检索服务。2013年网站的用户访问量达到10万人次。

2013年，重视林业知识产权信息资源的二次开发运用，有效集成多种林业知识产权信息资源服务功能，建立了网上林业专利动态决策分析系统（http://www.cfip.cn: 81）。该系统基于B/S架构，实现了数据库和检索分析功能一体的平台模式，是集专家知识、数据挖掘、数据检索和统计分析功能为一体的专利信息系统，具有强大的专利统计分析功能，可以帮助浏览者在第一时间找到重点专利。该系统通过内置的定量统计策略，自动计算出专利数据集合中需要重点关注的专利信息，并向用户推荐，可有效提高用户的专利阅读效率，方便用户掌握技术领域最前沿和重点的专利情报，将提高林业产业技术创新起点，为林业产业技术升级、产品更新换代提供信息支撑与服务。（王忠明）

林业植物新品种履约与国际合作

2013年，国家林业局认真履行了《国际植物新品种保护公约》，4月派员参加了UPOV技术委员会第四十九次会议、理事会第三十次特别会议、顾问委员会第八十五次会议和法律委员会第六十七次会议；10月参加了行政和法律委员会第六十八次会议，实质衍生品种研讨会、顾问委员会第八十六次会议、理事会第四十七次常规会议、行政和法律委员会顾问委员会会议，在会上积极提出意见和建议，履行了成员国责任，为维护中国林业植物新品种保护的国际地位和国家利益发挥了重要作用。

5月，正式与韩国林木植物新品种保护部门签署了《植物新品种保护谅解备忘录》，对加强中韩植物新品种保护方面的管理与交流具有重要推动作用。

7月2～5日，参加了在马来西亚举办的第六届东亚植物新品种保护论坛，来自东盟成员国和中国、日本、韩国等国家和国际机构的代表80余人参加了论坛。在会上，我国代表介绍了中国林业植物新品种保护的最新进展。本次论坛对推动东亚地区植物新品种保护事业和“东盟加中日韩三国”经济区建设具有重要意义。

7月30日至8月2日，参加了在上海举行的中日韩自由贸易协定谈判（FTA），重点参加了7月31日举行的知识产权专家对话。各方代表分别就各国现有的FTA知识产权立法经验做了简短的介绍，一致同意FTA协定中知识产权内容应该以独立章节的形式出现，内容包括：知识产权问题的基本原则、有效性、知识产权的范围和使用、知识产权执法和知识产权领域合作。

2013年，多次参加了在北京举办的“中欧知识产权工作组会议”，并提交了中欧合作开展“中国加入UPOV1991文本研究”项目建议书；同时，与欧盟有关技术专家就合作研究的实施计划进行了磋商，争取尽早实施这一合作项目。

2013 年，完成了中国—瑞士自由贸易区协定知识产权章节的谈判收尾工作，目前《中瑞自由贸易区协议》已经签署。

12 月，接待了日本植物新品种代表团，就有关种（属）的测试标准编制、测试基地建设情况、专家现场实质审查方式和时间等内容进行了广泛交流和讨论，日本准备向中国申报栎属方面的新品种保护。（王琦）

林业生物遗传资源履约

为积极应对加入《遗传资源获取与惠益分享名古屋议定书》和加强林业遗传资源管理的需要，研究制订了《林业生物遗传资源获取与惠益分享管理办法》，已征求省级林业主管部门和有关司（局）意见。

根据联合国粮食及农业组织（FAO）拟定的森林遗传资源 4 个重点领域和 27 个行动重点，组织专家研究制订了《中国林木遗传资源保护与可持续利用国家行动计划》，确定了中国的重点领域和战略行动重点，以促进林业遗传资源的研究与利用。

2013 年 1 月 23～25 日，国家林业局科技发展中心派员参加了在意大利罗马召开的联合国粮食及农业组织（FAO）森林遗传资源政府间技术工作组（ITWG-FGR）第二次会议。来自 27 个森林遗传资源政府间技术工作组成员国家的代表及其他非工作组成员国家的代表共 100 多人参加了会议。会议重点审议了《世界森林遗传资源状况报告》（以下简称《报告》）编写过程中所获得的主要发现、世界森林遗传资源行动的重点领域和战略重点及《报告》的后续工作方案、森林遗传资源的目标和指标以及森林遗传资源的获取与惠益分享等事宜。由于中国政府代表团的出色工作，中国政府被推举为本次会议的副主席，并主持了 2 个议题的审议。通过参加这次会议，扩大了中国政府在 FAO，尤其是在森林遗传资源领域的影响，了解了国际上在森林遗传资源方面的工作和信息，参与制订了世界森林遗传资源行动的重点领域和战略重点，为下一步在中国开展相关研究打下了基础。

4 月 15～19 日，FAO 粮食与农业遗传资源委员会第十四次例会在意大利罗马召开，国家林业局科技发展中心派员并组织中国林业科学研究院的专家参加了此次会议。本次会议主要讨论了以下几个方面的议题：世界粮食和农业生物多样性状况、有关气候变化与粮食和农业遗传资源工作计划、粮食和农业遗传资源的获取和惠益分享、森林遗传资源、动物遗传资源、植物遗传资源、水生遗传资源等，会议讨论并初步通过了《森林遗传资源养护、可持续利用和开发战略重点行动（草案）》等一系列文件。经积极争取，会议通过选举，中国代表亚洲继续连任 FAO 森林遗传资源政府间技术工作组成员。（李启岭）

林业专利

专利分为发明专利、实用新型和外观设计3种类型。发明专利，是指对产品、方法或者其改进所提出的新的技术方案。实用新型，是指对产品的形状、构造或者其结合所提出的适于实用的新的技术方案。外观设计，是指对产品的形状、图案或者其结合以及色彩与形状、图案的结合所做出的富有美感并适于工业应用的新设计。

1．林业相关专利分析

（1）总量分析

2013年，国家知识产权局专利数据库公开的林业相关专利量为25 940件，首次突破2万件，比2012年增长了41%。近5年来(2009～2013年)，林业相关专利共计84 970件，同比增长117%。截至2013年年底，林业相关专利公开量共计154 315件（表8、图1）。

表8　1985～2013年林业相关专利公开量统计　　单位：件

年份	专利总量	发明专利	实用新型	外观设计
1985	8	6	1	1
1986	195	112	82	1
1987	387	194	185	8
1988	494	175	310	9
1989	608	223	361	24
1990	611	274	296	41
1991	743	248	437	58
1992	1106	316	718	72

（续）

年份	专利总量	发明专利	实用新型	外观设计
1993	941	402	478	61
1994	1378	604	707	67
1995	1365	562	675	128
1996	1487	666	623	198
1997	1669	687	698	284
1998	1944	762	779	403
1999	2683	766	1328	589
2000	2777	867	1288	622
2001	3249	1128	1341	780
2002	3745	1237	1451	1057
2003	4729	1741	1614	1374
2004	4453	1836	1506	1111
2005	6436	3412	1787	1237
2006	7570	3345	2469	1756
2007	9460	4277	3028	2155
2008	11307	5209	3916	2182
2009	13530	6249	3933	3348
2010	12995	5105	3617	4273
2011	14104	7613	4697	1794
2012	18401	11393	6119	889
2013	25940	14122	9478	2340
合计	154315	73531	53922	26862

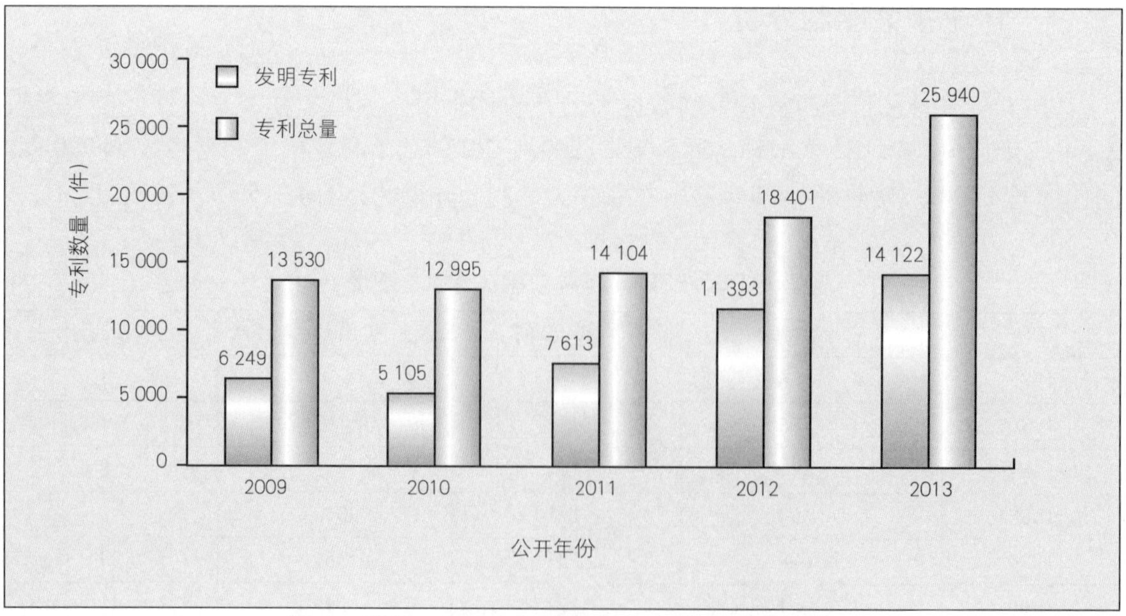

图 1　2009～2013 年林业相关专利公开量统计

（2）发展趋势分析

林业相关专利申请始于1985年，这一年中国刚刚开始实施专利法，建立专利制度。1985～1998年林业专利技术发展十分缓慢，每年公开的林业相关专利量不超过2 000件；1999～2004年林业专利申请量平稳增长，每年公开的林业相关专利量在2 000～5 000件之间；2005年至今，特别是近2年来，林业专利量迅猛增长，每年公开的林业专利量已经由2008年的1万多件攀升到2013年的2万多件，目前发展势头良好（图2）。

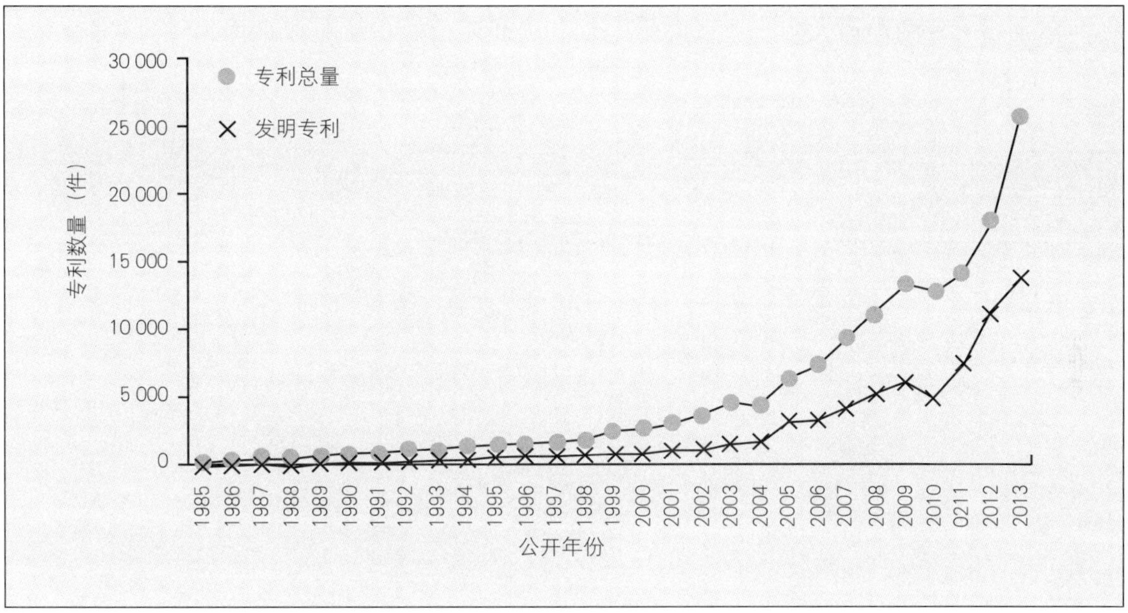

图2　1985～2013年林业相关专利量发展趋势

（3）专利类型分析

2013年林业相关专利共25 940件，其中，发明专利14 122件（54%），实用新型专利9 478件（37%），外观设计2 340件（9%）（图3）。2011年以来，林业相关专利

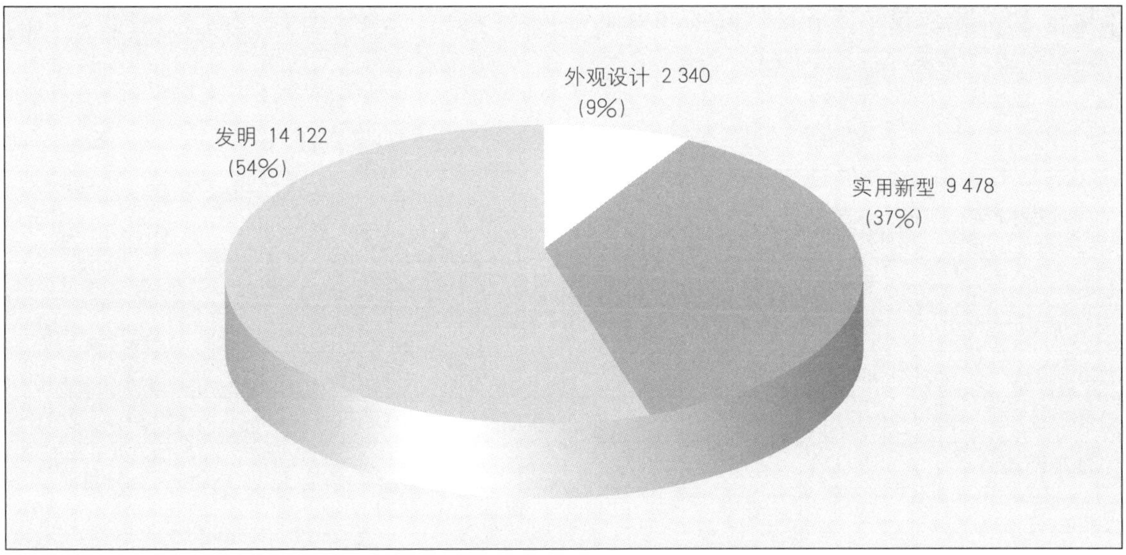

图3　2013年林业相关专利的专利类型统计

中的发明专利比重均保持在 50% 以上，增长稳定。截至 2013 年年底，林业发明专利共计 73 531 件，占林业相关专利总量的 48%，实用新型 53 922 件（35%），外观设计 26 862 件（17%）。

（4）申请人构成分析

林业专利的创造主体主要是企业，在 2013 年林业相关专利申请人中企业、高等院校和科研院所所占比重分别为 42%、20% 和 8%（图 4）。总体来看，企业和高等院校所占比重正在逐渐上升，而个人申请比重在下降，科研院所比重变化不大。截至 2013 年年底，林业相关专利申请人中企业、高等院校和科研院所所占比重分别为 32%、13% 和 8%。

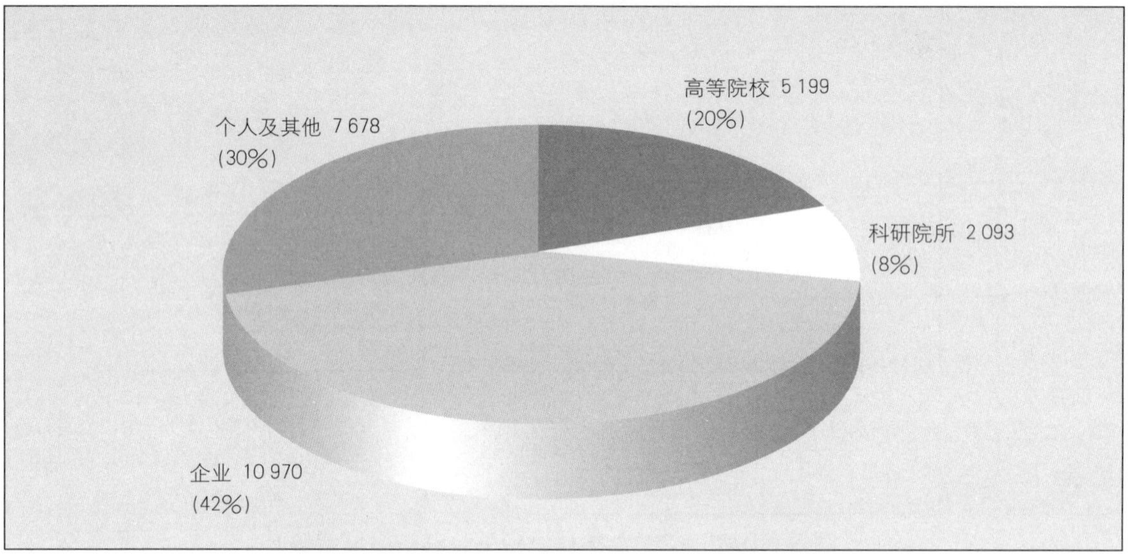

图 4　2013 年林业相关专利申请人构成统计

（5）林业重点领域专利分析

对森林培育、木材加工、林业机械、竹藤产业、木地板产业、林产化工和林业生物质能源 7 个主要领域的相关专利进行统计分析。2013 年，森林培育领域的专利公开量为 3 388 件、木材加工 1 832 件、林业机械 1 651 件、竹藤产业 2 657 件、木地板产业 645 件、林产化工 770 件、林业生物质能源 377 件。截至 2013 年年底，竹藤产业的

表 9　1985～2013 年林业重点领域专利公开量统计　　单位：件

领域分类	累计公开总量				2013年公开量			
	发明专利	实用新型	外观设计	合计	发明专利	实用新型	外观设计	合计
森林培育	9868	3792	296	13956	2359	985	44	3388
木材加工	5020	5874	162	11056	773	1030	29	1832
林业机械	3152	4743	378	8273	658	953	40	1651
竹藤产业	6071	5733	5179	16983	1105	1026	526	2657
木地板产业	991	2726	822	4539	143	275	227	645
林产化工	4301	1393	124	5818	596	172	2	770
林业生物质能源	1121	317	70	1508	267	106	4	377

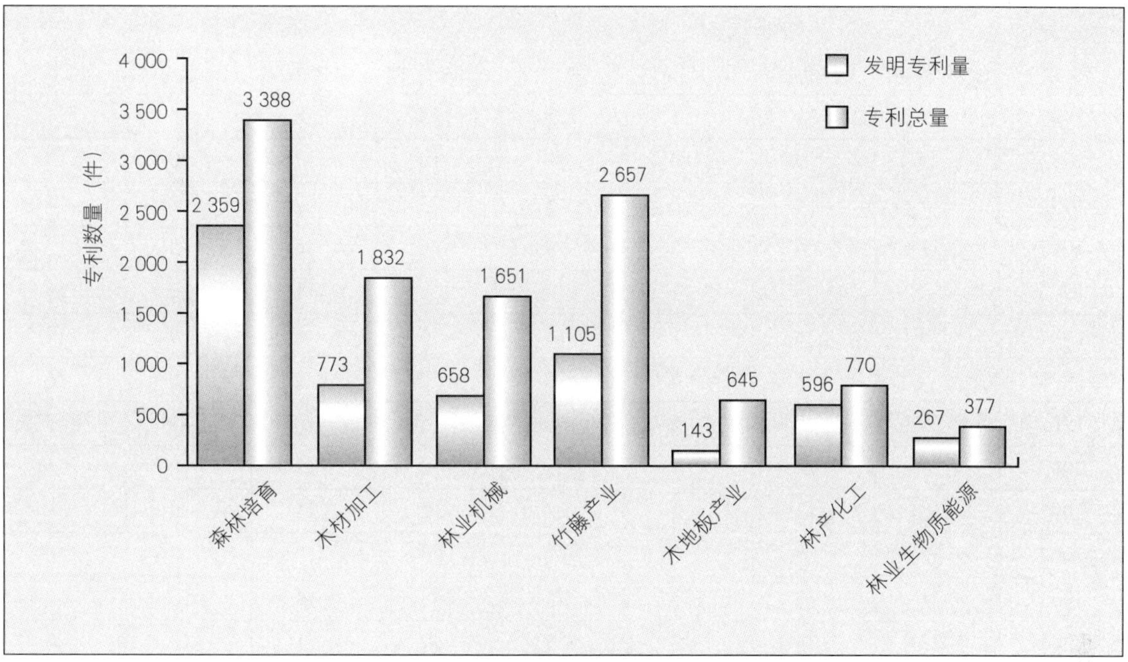

图 5　2013 年林业重点领域专利公开量统计

专利公开量最多，共计 16 983 件，其次是森林培育和木材加工，专利量均在 1 万件以上。林业生物质能源领域的发明专利比重为 74.3%，林产化工领域的发明专利比重为 73.9%（表 9、图 5）。

2. 林业科研和教育机构专利分析

（1）总量分析

2013 年，全国 89 家林业科研院所的专利公开量为 562 件，其中发明专利 434 件，占其专利总量的 77.2%；11 家林业高等院校的专利公开量为 1 915 件，其中发明专利 1 143 件，占其专利总量的 59.7%。截至 2013 年年底，全国 259 家林业科研院所的专利公开量共计 2 627 件，其中发明专利 1 970 件，占其专利总量的 75.0%；25 家林业高等院校的专利公开量共计 7 244 件，其中发明专利 4 943 件，占其专利总量的 68.2%（表 10、图 6）。

表 10　1985～2013 年林业科研和教育机构专利公开量统计　　单位：件

公开年份	科研院所				高等院校			
	发明专利	实用新型	外观设计	合计	发明专利	实用新型	外观设计	合计
1985	1	0	0	1	0	0	0	0
1986	9	5	0	14	1	1	0	2
1987	14	9	0	23	3	5	0	8
1988	6	10	0	16	6	2	0	8
1989	10	4	0	14	3	9	0	12
1990	3	6	0	9	7	4	0	11
1991	12	4	0	16	3	11	0	14

（续）

公开年份	科研院所				高等院校			
	发明专利	实用新型	外观设计	合计	发明专利	实用新型	外观设计	合计
1992	13	11	1	25	13	8	0	21
1993	9	9	0	18	10	7	0	17
1994	7	8	0	15	3	7	0	10
1995	11	6	2	19	6	6	0	12
1996	7	6	1	14	8	11	0	19
1997	8	6	1	15	6	6	0	12
1998	9	6	0	15	7	9	0	16
1999	8	8	0	16	5	10	0	15
2000	9	12	0	21	12	13	0	25
2001	10	12	0	22	12	21	0	33
2002	7	5	0	12	20	10	0	30
2003	21	12	0	33	48	14	0	62
2004	29	14	2	45	49	11	0	60
2005	42	8	4	54	150	23	0	173
2006	63	9	0	72	190	35	0	225
2007	95	7	1	103	290	26	2	318
2008	160	44	0	204	426	58	54	538
2009	184	52	1	237	531	93	48	672
2010	118	40	3	161	454	96	14	564
2011	270	97	3	370	608	304	77	989
2012	401	93	7	501	929	367	167	1463
2013	434	124	4	562	1143	679	93	1915
合计	1970	627	30	2627	4943	1846	455	7244

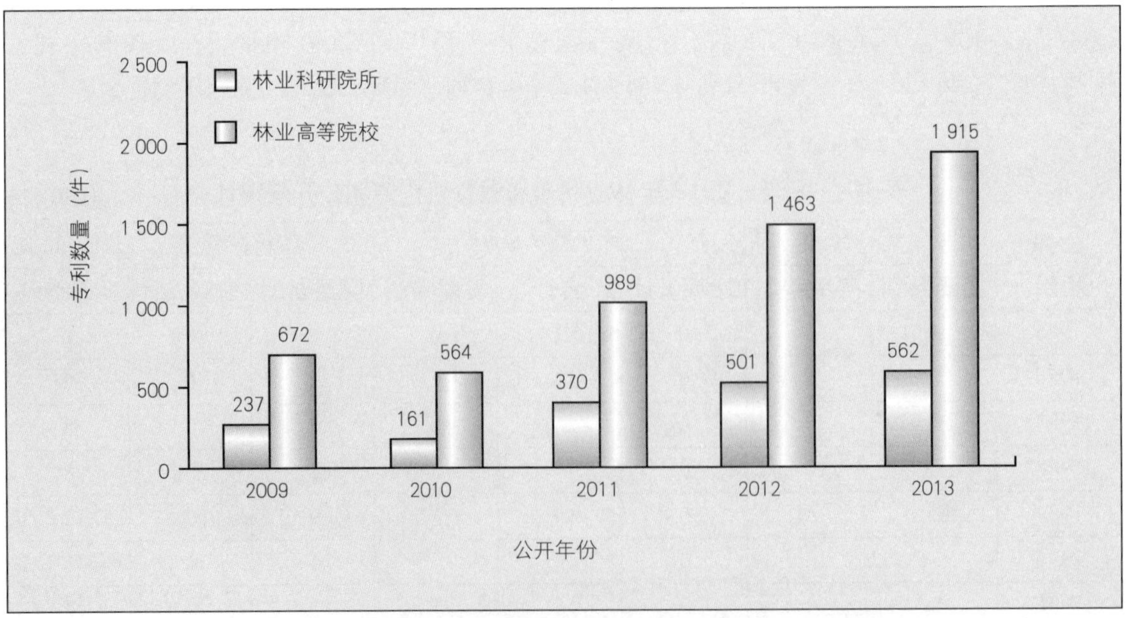

图 6　2009～2013 年林业科研和教育机构专利公开量统计

（2）发展趋势分析

总体来看，林业科研和教育机构的专利发展趋势可以划分为3个阶段，即1985～2003年，每年的专利量不足100件，增长十分缓慢；2004～2010年，每年专利量为200～750件，增长较为迅速；2011～2013年，每年专利量在1 400～2 500件，增长十分迅速。近10年来，林业高等院校与林业科研院所的专利量逐步拉大差距，特别是近3年来，林业高等院校的增长速度明显超过了科研院所（图7）。

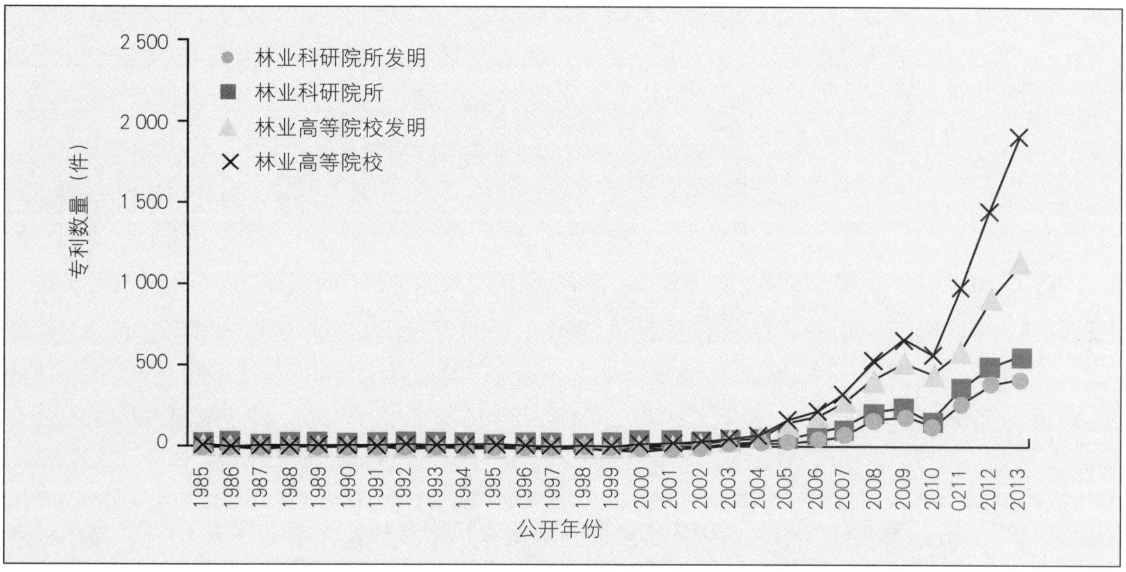

图7　1985-2013年林业科研和教育机构的专利公开量发展趋势

（3）申请人分析

2013年在林业科研院所中，中国林业科学研究院的专利公开量为221件，占林业科研院所专利总量的39.3%，其次是广西壮族自治区林业科学研究院、浙江省林业科学研究院、湖南省林业科学院、广东省林业科学研究院和国际竹藤中心。在林业高等院校中，排名前3位的分别是东北林业大学、北京林业大学和中南林业科技大学，这3家高校的专利量差距很小（表11）。

表11　2013年林业科研和教育机构专利公开量排行榜　　单位：件

分类	排名	申请人	发明专利	实用新型	外观设计	合计
科研院所	1	中国林业科学研究院	187	34	0	221
	2	广西壮族自治区林业科学研究院	60	8	0	68
	3	浙江省林业科学研究院	14	4	0	18
	4	湖南省林业科学院	9	7	0	16
	5	广东省林业科学研究院	14	0	0	14
	6	国际竹藤中心	9	3	0	12
	7	河北省林业科学研究院	8	3	1	12
	8	山东省林业科学研究院	11	1	0	12
	9	天津市林业果树研究所	2	7	0	9
	10	武汉市林业果树科学研究所	5	4	0	9

（续）

分类	排名	申请人	发明专利	实用新型	外观设计	合计
高等院校	1	东北林业大学	171	122	46	339
	2	北京林业大学	247	58	1	306
	3	中南林业科技大学	121	147	33	301
	4	浙江农林大学	80	168	4	252
	5	南京林业大学	193	44	8	245
	6	西北农林科技大学	138	68	1	207
	7	福建农林大学	141	39	0	180
	8	西南林业大学	14	0	0	14
	9	南京森林警察学院	3	11	0	14
	10	黑龙江林业职业技术学院	0	4	0	4

截至 2013 年年底，在林业科研院所中，中国林业科学研究院的专利公开量共计 1 386 件，占林业科研院所专利总量的 52.8%，是最主要的林业专利技术贡献者。其次是广西壮族自治区林业科学研究院 125 件、浙江省林业科学研究院 94 件、天津市林业果树研究所 82 件、湖南省林业科学院 59 件。近年来，省级林业科研院所的专利公开

表 12　1985～2013 年林业科研教育机构专利公开量排行榜　　单位：件

分类	排名	申请人	发明专利	实用新型	外观设计	合计
科研院所	1	中国林业科学研究院	1117	257	12	1386
	2	广西壮族自治区林业科学研究院	109	16	0	125
	3	浙江省林业科学研究院	63	31	0	94
	4	天津市林业果树研究所	48	30	4	82
	5	湖南省林业科学院	38	21	0	59
	6	国际竹藤中心	45	6	0	51
	7	河北省林业科学研究院	31	12	5	48
	8	山东省林业科学研究院	29	5	0	34
	9	江苏省林业科学研究院	30	3	0	33
	10	广东省林业科学研究院	28	0	0	28
高等院校	1	东北林业大学	768	315	131	1214
	2	西北农林科技大学	975	221	5	1201
	3	南京林业大学	771	238	66	1075
	4	北京林业大学	869	168	4	1041
	5	中南林业科技大学	363	451	112	926
	6	浙江农林大学	456	239	137	832
	7	福建农林大学	534	119	0	653
	8	西南林业大学	56	8	0	64
	9	南京森林警察学院	4	22	0	26
	10	黑龙江林业职业技术学院	0	4	0	4

量逐年增长，中国林业科学研究院所占份额正在逐年减少。在林业高等院校中，东北林业大学的公开专利量排名第一，共计 1 214 件，占林业高等院校专利总量的 16.8%，其次是西北农林科技大学 1 201 件、南京林业大学 1 075 件、北京林业大学 1 041 件、中南林业科技大学 926 件、浙江农林大学 832 件、福建农林大学 653 件（表 12）。

(4) 专利技术领域分析

2013 年，在林业科研院所专利所涉及的技术领域中，排名前 3 位的分别是 A01G1/00(园艺；蔬菜的栽培)，A01H4/00(通过组织培养技术的植物再生)，C05G3/00(肥料)。在林业高等院校专利中，排名前 3 位的主要技术领域分别是 A01H4/00（通过组织培养技术的植物再生），A01G1/00（园艺；蔬菜的栽培），H05B37/02（用于一般电光源的电路装置）（表 13）。

截至 2013 年年底，林业科研和教育机构专利的技术领域主要集中在 A01G（园艺；蔬菜、花卉、稻、果树、葡萄、啤酒花或海菜的栽培；林业；浇水），A01H（新植物或获得新植物的方法；通过组织培养技术的植物再生），B27D（加工单板或胶合板），C12N（微生物或酶；其组合物），A01N（人体、动植物体或其局部的保存）这 5 个 IPC 小类（图 8）。近年来，林业高等院校的研究热点集中在 A01G、C12N 和 B27D 领域，即森林培育、微生物和木材；而林业科研院所的研究重点主要是 A01G 和 C07C 领域，即森林培育和林产化工。

表 13　2013 年林业科研和教育机构专利的主要技术领域　　单位：件

排名	IPC小组	IPC释义	科研院所	高等院校	合计
1	A01G1/00	园艺；蔬菜的栽培	62	41	103
2	A01H4/00	通过组织培养技术的植物再生	31	48	79
3	A01C1/00	在播种或种植前测试或处理种子、根茎或类似物的设备或方法	9	43	52
4	H05B37/02	用于一般电光源的电路装置	0	41	41
5	C05G3/00	一种或多种肥料与无特殊肥效组分的混合物	21	19	40
6	A01G1/04	蘑菇的栽培	10	26	36
6	F21Y101/02	微型光源，例如发光二极管	1	35	36
8	A01G9/20	在容器、促成温床或温室里栽培花卉、蔬菜或稻	5	30	35
9	A01G1/06	嫁接	16	13	29
10	C08J5/18	薄膜或片材的制造	4	23	27
10	C08L97/02	木质纤维材料，例如木材、稻草或蔗渣	6	21	27

(5) 授权发明专利分析

2013 年全国有授权的 54 家林业科研院所的发明专利授权量为 233 件，有授权的 9 家林业高等院校的发明专利授权量为 606 件。

截至 2013 年，全国有授权的 115 家林业科研院所的发明专利授权量共计 993 件，占林业科研院所发明专利申请总量的 50.4%；15 家林业高等院校的发明专利授权量共计 2 293 件，占林业高等院校发明专利申请总量的 46.4%（表 14、图 9）。

2013 年在林业科研院所中，中国林业科学研究院的发明专利授权量为 122 件，占

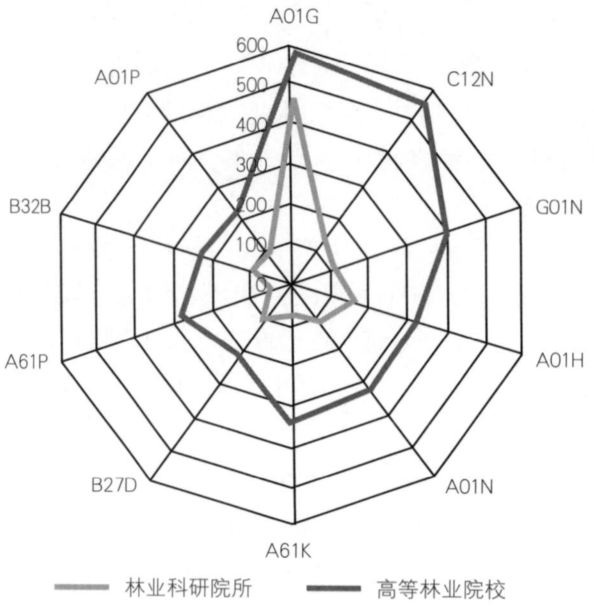

图 8　1985～2013 年林业科研和教育机构专利的主要技术领域

表 14　1985～2013 年林业科研和教育机构发明专利授权量统计　　单位：件

授权年份	科研院所	高等院校	授权年份	科研院所	高等院校
1985	1	0	2000	5	3
1985	0	0	2001	8	6
1987	2	0	2002	6	4
1988	4	2	2003	9	5
1989	9	2	2004	13	20
1990	4	2	2005	21	32
1991	7	1	2006	31	53
1992	7	2	2007	44	72
1993	6	2	2008	37	105
1994	2	6	2009	75	170
1995	6	3	2010	113	247
1996	2	3	2011	158	412
1997	1	2	2012	182	527
1998	2	1	2013	233	606
1999	5	5	合计	993	2293

林业科研院所发明专利授权总量的 52.4%，其次是广西壮族自治区林业科学研究院、浙江省林业科学研究院和山东省林业科学研究院。在林业高等院校中，排名前 3 位的分别是福建农林大学、北京林业大学和南京林业大学（表 15）。

截至 2013 年，林业科研院所发明专利授权量排名第一位的是中国林业科学研究院，共 582 件，占林业科研院所发明专利授权总量的 58.6%，其次是浙江省林业科学研究院、广西壮族自治区林业科学研究院和国际竹藤中心。在林业高等院校中，排名前 3 位的分别是西北农林科技大学、南京林业大学和北京林业大学（表 16）。

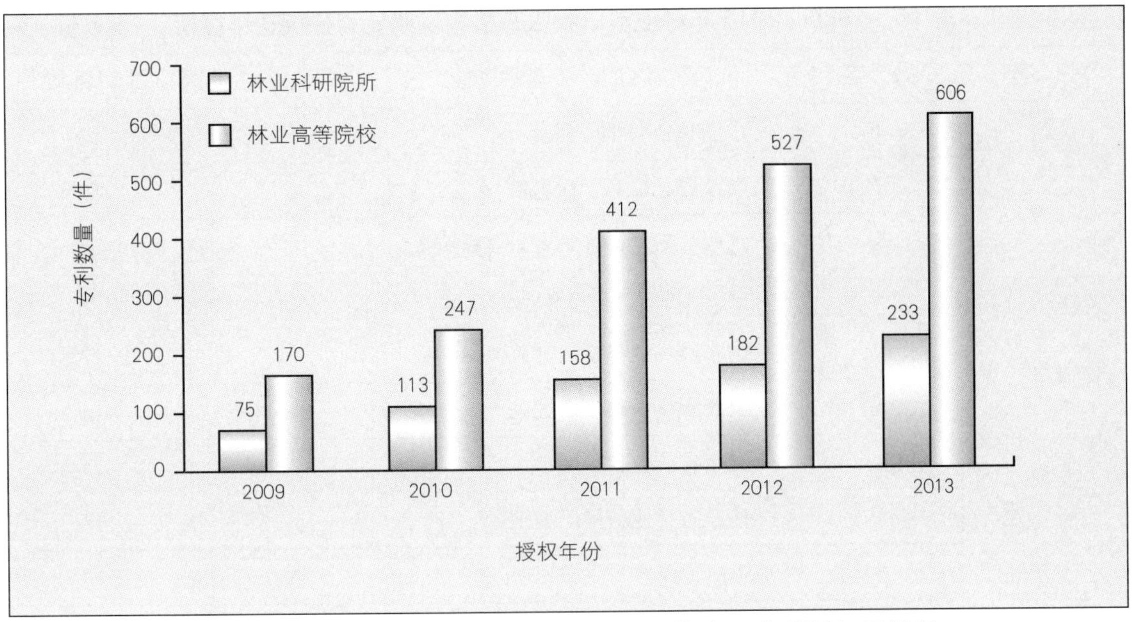

图 9　2009～2013 年林业科研和教育机构发明专利授权量统计

表 15　2013 年林业科研和教育机构发明专利授权量排行榜　　单位：件

分　类	排　名	专利权人	发明授权
科研院所	1	中国林业科学研究院	122
	2	广西壮族自治区林业科学研究院	23
	3	浙江省林业科学研究院	13
	4	山东省林业科学研究院	11
	5	国际竹藤中心	6
	6	湖南省林业科学院	5
	7	钦州市林业科学研究所	4
	7	上海市园林科学研究所	4
	7	新疆林业科学院	4
	10	泰安市泰山林业科学研究院	3
	10	云南省林业科学院	3
高等院校	1	福建农林大学	121
	2	北京林业大学	113
	3	南京林业大学	94
	4	西北农林科技大学	83
	5	东北林业大学	74
	6	中南林业科技大学	55
	7	浙江农林大学	52
	8	西南林业大学	11
	9	南京森林警察学院	1

表 16　1985～2013 年林业科研和教育机构发明专利授权量排行榜　　单位：件

分　类	排　名	专利权人	发明授权
科研院所	1	中国林业科学研究院	582
	2	浙江省林业科学研究院	45
	3	广西壮族自治区林业科学研究院	36
	4	国际竹藤中心	29
	5	山东省林业科学研究院	17
	6	河北省林业科学研究院	14
	6	湖南省林业科学院	14
	6	江苏省林业科学研究院	14
	6	上海市园林科学研究所	14
	10	天津市林业果树研究所	11
高等院校	1	西北农林科技大学	471
	2	南京林业大学	389
	3	北京林业大学	365
	4	福建农林大学	317
	5	东北林业 大学	298
	6	浙江农林大学	233
	7	中南林业科技大学	172
	8	西南林业大学	35
	9	南京森林警察学院	2
	10	河南省林业学校	1
	10	内蒙古林学院	1
	10	山西林业职业技术学院	1

3．国外专利申请分析

林业系统国外专利是指中国林业科研院所和高等院校向世界知识产权组织和其他国家申请的专利。根据德温特世界专利索引数据库（DWPI）的检索，2013 年林业系统国外专利申请公开量为 5 件，中国林业科学研究院林产化学工业研究所、东北林业大学、北京林业大学、浙江农林大学和福建农林大学均有国外专利申请（表 17）。截至 2013 年年底，林业系统国外专利申请公开量共 54 件，其中：世界知识产权组织 23 件，美国 13 件，欧洲和加拿大各 4 件，日本 3 件，澳大利亚和印度各 2 件，瑞士、德国、韩国各 1 件。申请量排名前 3 位的是中国林业科学研究院林产化学工业研究所、中国林业科学研究院木材工业研究所和浙江农林大学（表 18）。

表 17　2013 年林业系统国外专利申请公开一览表

公开号	标　题	申请人	申请日	公开日
WO2013007072A1	Stevia tea rich in steviol glycosides and processing method thereof	福建农林大学	20111118	20130117
JP05167370B2	An insecticide composition solution and its manufacturing method	浙江农林大学	20090312	20130321
CA2705902C	A method for producing betulinic acid	东北林业大学	20090415	20130514
CH701601B1	Verfahren zur gewinnung von isopimarsäure.	中国林业科学研究院林产化学工业研究所	20090605	20130531
WO2013097343A1	Method for breeding poplar haploid	北京林业大学	20120302	20130704

表 18　林业系统国外专利申请公开量排行榜　　单位：件

申请人	累计总量	世界知识产权组织	美国	欧洲	日本	加拿大	澳大利亚	德国	瑞士	韩国	印度
中国林业科学研究院林产化学工业研究所	15	4	3	1	1	0	2	1	1	1	1
中国林业科学研究院木材工业研究所	12	6	3	3	0	0	0	0	0	0	0
浙江农林大学	8	3	2	0	2	0	0	0	0	0	1
东北林业大学	6	3	1	0	0	2	0	0	0	0	0
中国林业科学研究院林业研究所	5	1	2	0	0	2	0	0	0	0	0
北京林业大学	3	3	0	0	0	0	0	0	0	0	0
国家林业局北京林业机械研究所	2	1	1	0	0	0	0	0	0	0	0
福建农林大学	1	1	0	0	0	0	0	0	0	0	0
南京林业大学	1	0	1	0	0	0	0	0	0	0	0
西北农林科技大学	1	1	0	0	0	0	0	0	0	0	0
合　计	54	23	13	4	3	4	2	1	1	1	2

4．美国植物专利分析

截至 2013 年年底，中国申请人在美国申请植物专利共 5 件，其中授权 4 件，待审查 1 件。河北省林业科学研究院培育的“美人榆”，上海市林业总站培忠杉培育的“东方杉”，北京联合大学培育的月季“特俏”和“特娇”新品种获得了授权，上海植物园费建国等人申请的“垂枝粉玉”山茶花正在审查中（表 19）。

表 19　中国在美国申请的植物专利

申请号	名称	法律状态	申请日	公开日	申请人
13/986736	Camellia plant named ‘Pink Cascade’	公开	20130530	20131205	费建国、奉树成、张亚利、莫健彬
13/374151	Elm tree named ‘Meirenyu’	授权	20111214	20130723	河北林业科学研究院
12/804228	Rose plant named ‘Te Qiao’	授权	20100716	20111115	北京联合大学
12/804238	Rose plant named ‘Te Jiao’	授权	20100716	20111018	北京联合大学
10/941465	times.Taxodiomeria peizhongii tree named ‘Dongfangshan’	授权	2004915	2007529	上海市林业总站

林业植物新品种

植物新品种是指经过人工培育或者对发现的野生植物加以开发，具有新颖性、特异性、一致性和稳定性并适当命名的植物品种。

1. 授权量分析

2013 年国家林业局植物新品种保护办公室共受理植物新品种权申请 177 件，授予植物新品种权 158 件。截至 2013 年年底，国家林业局已受理国内外植物新品种申请 1 261 件，授予植物新品种权 658 件。授权量从 1999 年的 6 件迅速增加到 2012 年的 169 件、2013 年的 158 件。

近 5 年 (2009～2013 年) 林业植物新品种的申请量和授权量分别达到 694 件和 419 件，比前 5 年 (2004～2008 年) 分别增长 133% 和 129%（表 20，图 10）。

表 20　1999～2013 年林业植物新品种申请量和授权量统计

年　度	申请量（件）			授权量（件）		
	国内申请人	国外申请人	合　计	国内品种权人	国外品种权人	合　计
1999	181	1	182	6	0	6
2000	7	4	11	18	5	23
2001	8	2	10	19	0	19
2002	13	4	17	1	0	1
2003	14	35	49	7	0	7
2004	17	19	36	16	0	16
2005	41	32	73	19	22	41
2006	22	29	51	8	0	8
2007	35	26	61	33	45	78
2008	57	20	77	35	5	40
2009	62	5	67	42	13	55

（续）

年　度	申请量（件）			授权量（件）		
	国内申请人	国外申请人	合　计	国内品种权人	国外品种权人	合　计
2010	85	4	89	26	0	26
2011	123	16	139	11	0	11
2012	196	26	222	169	0	169
2013	169	8	177	115	43	158
合计	1030	231	1261	525	133	658

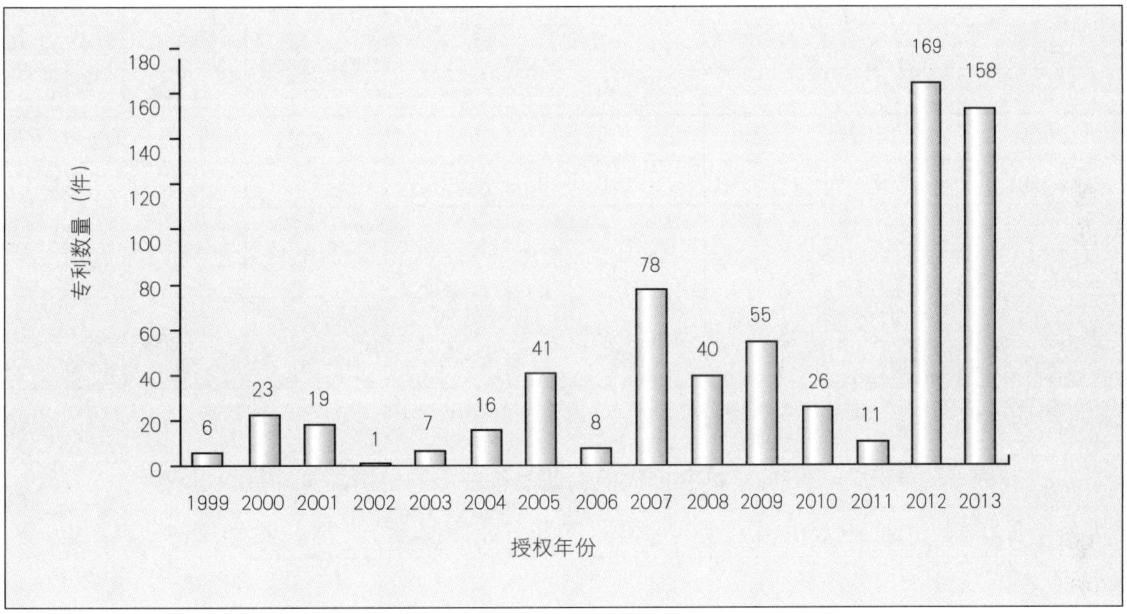

图 10　1999～2013 年林业植物新品种授权量统计

2. 植物类别分析

林业授权植物新品种的植物类别以观赏植物为主，2013 年林业授权植物新品种中木本观赏植物 115 件，占年度授权总量的 73%，其次是林木 27 件（17%）、果树 9 件（6%）、竹 1 件。截至 2013 年年底，林业授权植物新品种中木本观赏植物 447 件，占总量的 68%，其次是林木 128 件（20%）、果树 53 件（8%）（表 21）。

3. 申请国家分析

2013 年国内申请人共获得林业植物新品种 115 件，占年度授权总量的 72.8%，授权品种以蔷薇属、杜鹃花属、山茶属、杨属为主；国外申请人共有 9 个国家的品种权人获得林业植物新品种授权 43 件，占年度授权总量的 27.2%，排名前 3 位的分别是荷兰、法国、德国，其品种均以蔷薇属为主。截至 2013 年年底，国内申请人共获得 525 件林业植物新品种权，占授权总量的 79.8%，授权品种以杨属和蔷薇属为主；国外共有 9 个国家在中国获得了 133 件植物新品种权，占授权总量的 20.2%，授权品种以蔷薇属和大戟属为主，授权量最多的是德国，共 57 件，其次是荷兰（27 件）和法国（25 件）（表 22）。

表 21　1999～2013 年林业授权植物新品种中不同植物类别的授权量统计　单位：件

年　份	林　木	果　树	木本观赏植物	竹	木质藤本	其　他	合　计
1999	6	0	0	0	0	0	6
2000	3	0	20	0	0	0	23
2001	2	2	14	0	0	1	19
2002	0	1	0	0	0	0	1
2003	6	1	0	0	0	0	7
2004	6	4	5	0	0	1	16
2005	3	1	34	0	0	3	41
2006	5	0	3	0	0	4	12
2007	7	1	70	0	0	1	79
2008	10	6	19	1	0	0	36
2009	14	1	39	0	0	3	57
2010	10	6	10	0	0	7	33
2011	2	1	5	0	0	6	14
2012	27	20	113	0	2	7	169
2013	27	9	115	1	0	6	158
合计	128	53	447	2	2	26	658

表 22　1999～2013 年林业授权植物新品种中不同申请国家的授权量统计

排名	国　家	授权总量（件）	2013年授权量（件）	主要属种
1	中　国	525	115	杨属、蔷薇属、杜鹃花属、山茶属
2	德　国	57	5	蔷薇属、大戟属
3	荷　兰	27	15	蔷薇属、紫金牛属
4	法　国	25	9	蔷薇属
5	美　国	9	2	大戟属、杏
6	比利时	6	3	杜鹃花属
7	英　国	4	4	蔷薇属
8	丹　麦	2	2	蔷薇属
9	意大利	2	2	蔷薇属
10	新西兰	1	1	蔷薇属
合计		658	158	

4. 授权品种属种分析

林业授权植物新品种的属种以蔷薇属和杨属为主。2013 年林业植物新品种授权量排名前 3 位的分别是蔷薇属、杜鹃花属和山茶属。截至 2013 年年底，蔷薇属授权新品种 187 件，占总量的 28.4%，杨属 92 件（14.0%）。国外品种权人的授权品种以蔷薇属和大戟属为主，主要是观赏植物（表 23）。

表 23　1999～2013 年不同国家品种权人授权品种的属（种）授权量统计

属（种）	授权总量（件）										
	中国	比利时	丹麦	德国	法国	荷兰	美国	新西兰	意大利	英国	合计
杜鹃花属	47	6	0	0	0	0	0	0	0	0	53
蔷薇属	85	0	2	42	25	26	0	1	2	4	187
大戟属	2	0	0	15	0	0	7	0	0	0	24
紫金牛属	2	0	0	0	0	1		0	0	0	3
杏	14	0	0	0	0	0	2	0	0	0	16
杨属	92	0	0	0	0	0	0	0	0	0	92
山茶属	35	0	0	0	0	0	0	0	0	0	35
牡　丹	32	0	0	0	0	0	0	0	0	0	32
其　他	216	0	0	0	0	0	0	0	0	0	216
合　计	525	6	2	57	25	27	9	1	2	4	658

表 24　2013 年林业授权品种主要品种权人的授权量统计

排名	品种权人	授权量（件）
1	金华市永根杜鹃花培育有限公司	15
2	中国林业科学研究院	10
2	棕榈园林股份有限公司	10
4	法国玫兰国际有限公司（Meilland International S.A.）	9
5	河南农业大学	7
5	昆明杨月季园艺有限责任公司	7
7	山东省林业科学研究院	6
8	北京林业大学	5
8	荷兰莱克斯月季公司 (Lex+B.V.)	5
8	云南省农业科学院花卉研究所	5

5. 品种权人授权量分析

2013 年林业植物新品种授权量排名前 5 位的品种权人分别是金华市永根杜鹃花培育有限公司 (15 件)、中国林业科学研究院 (10 件)、棕榈园林股份有限公司 (10 件)、法国玫兰国际有限公司（Meilland International S.A.）(9 件)、河南农业大学 (7 件) 和昆明杨月季园艺有限责任公司 (7 件)（表 24）。截至 2013 年年底，林业植物新品种授权总量排名前 5 位的品种权人分别是北京林业大学 (79 件)、中国林业科学研究院 (43 件)、德国科德斯月季育种公司 (25 件)、昆明杨月季园艺有限责任公司 (25 件) 和中国科学院 (21 件)（表 25）。

6. 品种权人构成分析

林业植物新品种的品种权人以公司为主。2013 年公司获得植物新品种权 95 件 (60.1%)、科研院所 24 件（15.2%)、高等院校 22 件（13.9%)。截至 2013 年年底，公司获得植物新品种权 253 件，占总量的 38.4%，其次是科研院所 142 件 (21.6%) 和高等院校 122 件 (18.5%)（表 26）。

表 25　1999～2013 年林业授权品种主要品种权人的授权量统计

排名	品种权人	授权量（件）
1	北京林业大学	79
2	中国林业科学研究院	43
3	德国科德斯月季育种公司 (W.Korder' Sohne)	25
3	昆明杨月季园艺有限责任公司	25
5	中国科学院	21
6	山东省林业科学研究院	19
7	法国玫兰国际有限公司（Meilland International S.A.）	17
8	云南省农业科学院	16
8	棕榈园林股份有限公司	16
10	德国罗森坦图玛蒂亚斯坦图纳切夫公司（Rosen Tantau，Mathias Tantau Nachf）	15
10	方永根	15
10	金华市永根杜鹃花培育有限公司	15
10	上海植物园	15

表 26　1999～2013 年林业授权品种中不同植物类别品种权人的授权量统计 单位：件

品种权人 植物类别	科研院所	高等院校	个　人	公　司	繁育场	其　他	合　计
林　木	54	53	6	15	0	0	128
果　树	23	13	7	7	0	3	53
木本观赏植物	50	52	78	223	27	17	447
竹	1	1	0	0	0	0	2
木质藤本	2	0	0	0	0	0	2
其　他	12	3	3	8	0	0	26
合　计	142	122	94	253	27	20	658

7. 授权品种地域分析

2013 年全国共有 14 个省 (市) 获得林业植物新品种权，授权量最多的是浙江，共 23 件，占年度授权总量的 20.0%，其次是北京、山东和云南。截至 2013 年底，全国共有 23 个省 (市) 获得林业植物新品种权，授权量最多的是北京，共 146 件，占授权总量的 27.8%，其次是云南、浙江和山东。北京以杨属、云南以蔷薇属、浙江以杜鹃花属、山东以银杏为主要授权品种（表 27）。

表 27　1999～2013 年国内授权品种中不同地域的授权量统计

地　域	授权总量（件）	2013年授权量（件）	主要属种
北　京	146	19	杨属、蔷薇属、牡丹、梅
云　南	80	15	蔷薇属、含笑属
浙　江	59	23	杜鹃花属、木兰属
山　东	51	16	银杏、白蜡树属、杏
广　东	38	7	山茶属、桉属

（续）

地　域	授权总量（件）	2013年授权量（件）	主要属种
河　南	38	13	泡桐属、卫矛属
上　海	23	5	木瓜属、山茶属
江　苏	16	2	银杏、落羽杉属
甘　肃	13	0	牡丹
其　他	61	15	山茶属、杨属、桉属
合　计	525	115	

林产品地理标志

林产品地理标志，是指林产品来源于特定地域，产品品质和相关特性主要取决于该地域的自然生态环境和历史人文因素，并以地域名称冠名的特有林产品标志。

2013 年注册和登记的林产品地理标志共 125 件，占林产品地理标志总量的 22.3%，比 2012 年增长了 34.4%，产品以枣和核桃为主，注册量分别为 16 件和 17 件。2013 年油茶开始有了地理标志产品的注册和登记，共 6 件。

截至 2013 年年底，中国已注册和登记的林产品地理标志共 560 件，以枣和核桃为主，分别占总量的 17.5% 和 14.6%，其次是板栗、杏、花椒、木耳和枸杞（表 28、图 11）。

从林产品地理标志的地域分布来看，以山东和四川为主，分别占总量的 11.8% 和 11.1%。2013 年山东、四川、云南、安徽、辽宁等地区的林产品地理标志注册量较多，均在 10 件以上（表 29）。

表 28　2001～2013 年主要林产品地理标志产品登记量统计　　单位：件

产品类别	累计总量	2012年	2013年
枣	98	5	16
核　桃	82	13	17
板　栗	45	6	12
杏	26	9	2
花　椒	24	3	2
木　耳	23	5	7
枸　杞	16	11	2
油　茶	6	0	6
其　他	224	35	60
合　计	560	93	125

表 29　2001～2013 年主要省份的林产品地理标志登记量统计　　单位：件

省　份	累计总量	2012年	2013年
山　东	66	5	22
四　川	62	17	16
河　北	34	4	4
新　疆	33	3	4
辽　宁	31	6	10
山　西	30	1	8
陕　西	30	1	6
安　徽	25	7	10
云　南	24	3	12
河　南	21	3	1
其　他	204	43	32
合　计	560	93	125

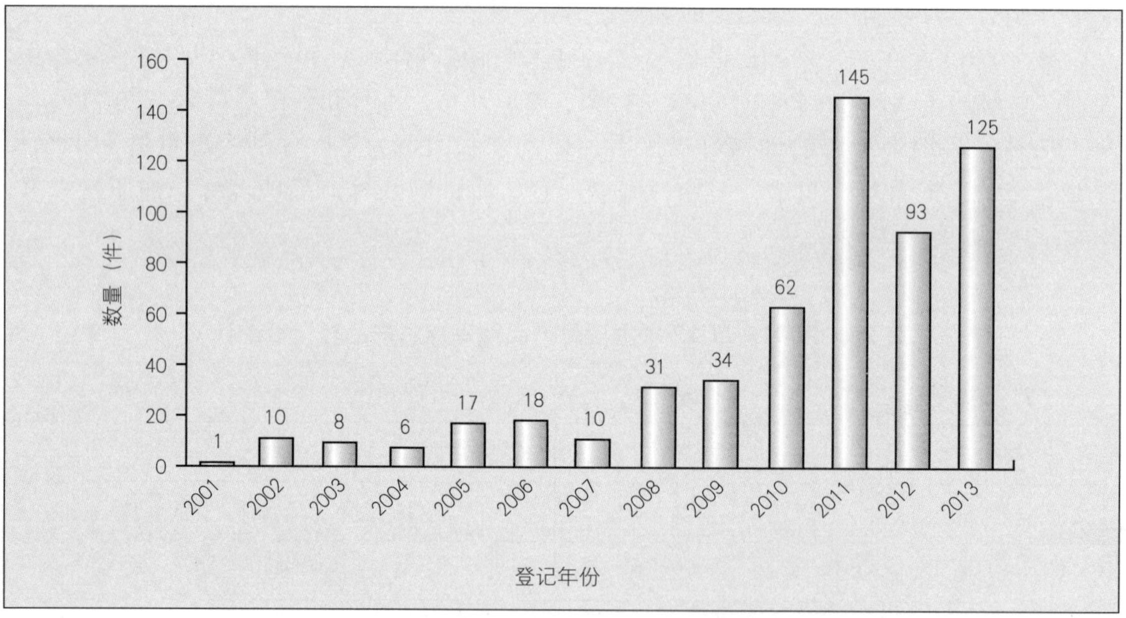

图 11　2001～2013 年注册和登记的林产品地理标志数量统计

林业著作权

1. 林业图书

2013 年中国各出版社出版的新书大约 20 余万种，其中林业及相关专业图书有 2 000 余种，图书类型丰富，包括科技理论专著、实用技术图书、教材、译著、标准、科普读物以及辞书、年鉴、统计资料、手册、图集和画册等，内容涵盖了与林业行业建设和研究发展相关的各个专业领域。

在林业及相关专业图书中，园艺、景观设计、生态、环境保护、环境监测方面的图书占比例较大，集体林权、公益林、生态补偿、资源管理、林业经济、政策方面的图书有所增加。代表性的图书有《林业政策学》、《公益林和流域生态补偿机制研究》、《多功能林业发展模式》、《森林多资源清查规划与经营管理》等。

2013 年有多部林业类图书获奖，中国林业出版社出版的《湿地资源检测技术》和《种子植物名称》2 种图书获第四届“三个一百”原创图书奖，《中国林业发展区划》获第三届中国出版政府奖。《生态建设与改革发展》、《海峡西岸现代林业发展战略》、《生态文明建设理论与实践》、《绿色国民经济框架下的中国森林核算研究》、《多样性的中国森林（画册)》5 种图书获第五届关注森林——梁希图书期刊奖（表 30)。

表 30　2013 年林业获奖图书

序号	ISBN	书名	责任者	出版日期	获奖名称
1	978-7-5038-6131-4	中国林业发展区划（全套 5 卷）	国家林业局、全国林业发展区划办公室主编	201109	第三届中国出版政府奖
2	978-7-5038-0620-6	中国梅花品种图志	陈俊愉主编	198912	第三届中国出版政府奖提名奖
3	978-7-5038-6655-5 978-7-5038-6654-8 978-7-5038-6653-1 978-7-5038-6660-9 978-7-5038-6659-3	种子植物名称（全套 5 卷）	尚衍重编著	201206	
4	978-7-5038-5552-8	湿地资源检测技术	张怀清，鞠洪波等著	201201	第四届“三个一百”原创图书出版工程奖
5	978-7-5038-6655-5 978-7-5038-6654-8 978-7-5038-6653-1 978-7-5038-6660-9 978-7-5038-6659-3	种子植物名称（全套 5 卷）	尚衍重编著	201206	
6	978-7-5038-5489-7	多样性的中国森林（画册）	陈建伟著	201012	第五届关注森林——梁希图书期刊奖
7	978-7-5038-5759-1	海峡西岸现代林业发展战略	彭镇华等著	201001	
8	978-7-5038-5936-6	绿色国民经济框架下的中国森林核算研究	绿色国民经济框架下的中国森林核算研究项目组编	201010	
9	978-7-5038-5149-0	生态建设与改革发展	贾治邦主编	201111	
10	978-7-5038-5725-6	生态文明建设理论与实践	黑龙江大兴安岭行署编	200910	

2. 林业软件著作权

软件著作权是指软件的开发者或者其他权利人依据有关著作权法律的规定，对于软件作品所享有的各项专有权利，软件经过登记后，软件著作权人享有发表权、开发者身份权、使用权、使用许可权和获得报酬权。林业软件著作权是指与林业相关的软件著作权。

根据中国版权保护中心计算机软件著作权登记公告统计，2013 年林业软件著作权登记共 932 项，比 2012 年增长 70%，登记量排名前 3 的软件著作权人分别是北京林业大学（162 项）、东北林业大学（64 项）和浙江农林大学（64 项）。

截至 2013 年年底，林业软件著作权登记共 2 181 项，软件著作权人主要来自林业高等院校、科研院所及相关的林业企业。林业软件著作权登记量最多的是北京林业大学，共 316 项，其次是中国林业科学研究院 137 项，浙江农林大学 127 项。近年来，林业高校的软件著作权登记量增长较为迅速（表 31、图 12）。

表 31　2001～2013 年主要林业软件著作权登记量统计　　单位：项

序号	软件著作权人	累计登记总量	2012年登记量	2013年登记量
1	北京林业大学	316	44	162
2	中国林业科学研究院	137	14	18
3	浙江农林大学	127	36	64
4	西北农林科技大学	102	12	34
5	东北林业大学	94	11	64
6	中南林业科技大学	59	3	56
7	西南林业大学	18	1	7
8	其　他	1328	426	527
合计		2181	547	932

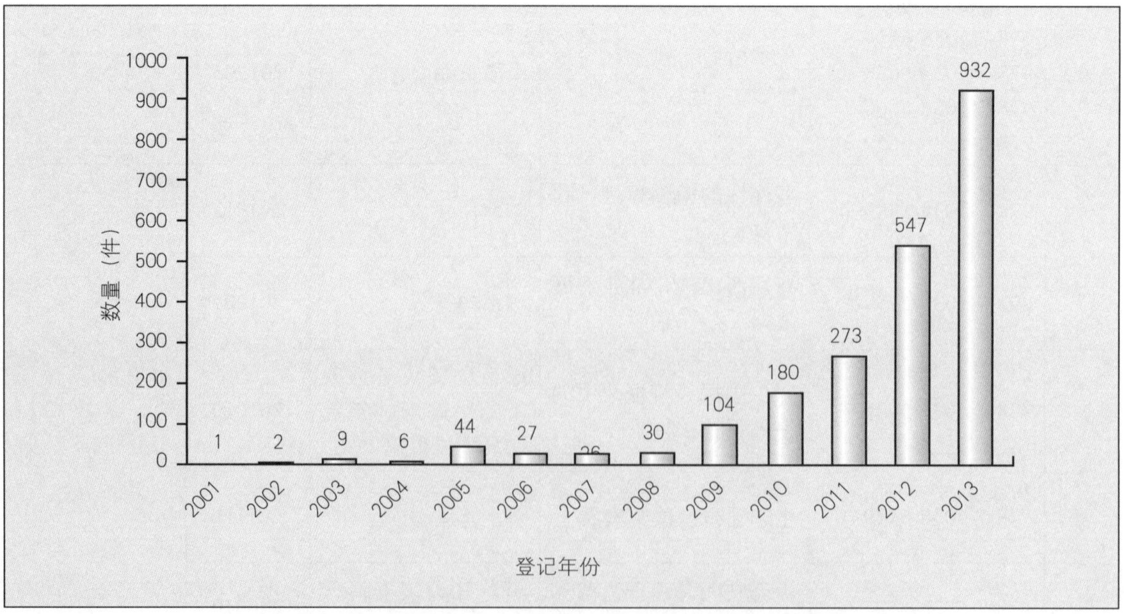

图 12　2001～2013 年林业软件著作权登记量统计

CFIP
中国林业知识产权

附 表

附表1 2013年林业授权植物新品种

序号	品种权号	品种名称	属（种）	品种权人	培育人	申请号	申请日	授权日
1	20130001	中成 1 号	杨 属	中国林业科学研究院林业研究所	胡建军、卢孟柱、韩一凡、赵自成、李玲、李淑梅、赵树堂、周玉荣、周在成	20120007	20120112	20130628
2	20130002	中成 2 号	杨 属	中国林业科学研究院林业研究所	胡建军、卢孟柱、赵自成、徐刚标、苏雪辉、周玉荣、屈菊平、周在举	20120008	20120112	20130628
3	20130003	中成 3 号	杨 属	中国林业科学研究院林业研究所	胡建军、赵自成、卢孟柱、赵树堂、李振刚、周玉荣、周在成、朱学存	20120009	20120112	20130628
4	20130004	中成 4 号	杨 属	中国林业科学研究院林业研究所	胡建军、卢孟柱、赵树堂、赵自成、苏雪辉、屈菊平、周玉荣、周在举、朱学存	20120010	20120112	20130628
5	20130005	中豫 1 号	杨 属	中国林业科学研究院林业研究所	胡建军、赵自成、苏雪辉、李喜林、屈菊平、赵忠诚、许小芬、刘志刚、王军军、张智勇、张晓强、于自力	20120011	20120112	20130628
6	20130006	中豫 2 号	杨 属	河南省绿士达林业新技术研究所、中国林业科学研究院林业研究所	赵自成、胡建军、陈昌民、苏雪辉、李喜林、屈菊平、赵忠诚、许小芬、张智勇、熊志国、刘志刚、王军军、张晓强、于自力	20120012	20120112	20130628
7	20130007	皇 袍	鹅掌楸属	上海市园林科学研究所	张国兵、罗玉兰、崔心红、黄军华、张爱明、张春英、陈淑云	20120026	20120305	20130628
8	20130008	黄金栾	栾树属	王胜连	王胜连	20120049	20120413	20130628
9	20130009	张家湾 1 号	卫矛属	北京华源发苗木花卉交易市场有限公司	李凤云、李永利、姚砚武、朱云锋	20120050	20120416	20130628
10	20130010	中林含笑	含笑属	中南林业科技大学	曹基武、刘春林、张江	20120061	20120509	20130628
11	20130011	森禾美人鹃	杜鹃花属	浙江森禾种业股份有限公司	方永根	20120070	20120528	20130628
12	20130012	森禾锦满枝	杜鹃花属	浙江森禾种业股份有限公司	方永根	20120071	20120528	20130628
13	20130013	丹霞醉日	木瓜属	上海植物园	奉树成、费建国、张亚利、莫健彬	20120072	20120531	20130628

（续）

序号	品种权号	品种名称	属（种）	品种权人	培育人	申请号	申请日	授权日
14	20130014	娇容三变	木瓜属	上海植物园	奉树成、费建国、张亚利、莫健彬	20120073	20120531	20130628
15	20130015	垂枝粉玉	山茶属	上海植物园	费建国、奉树成、张亚利、莫健彬	20120074	20120531	20130628
16	20130016	嫣舞江南	木瓜属	上海植物园	奉树成、费建国、张亚利、莫健彬	20120075	20120531	20130628
17	20130017	渤海柳 1 号	柳　属	滨州市一逸林业有限公司、山东省林业科学研究院	焦传礼、刘德玺、宫敬东、刘桂民、姚树景	20120077	20120611	20130628
18	20130018	武林木兰	木兰属	中南林业科技大学	曹基武、刘春林、吴毅	20120099	20120628	20130628
19	20130019	丰丽 1 号	杜鹃花属	金华市永根杜鹃花培育有限公司	方永根	20120111	20120707	20130628
20	20130020	丰丽 2 号	杜鹃花属	金华市永根杜鹃花培育有限公司	方永根	20120112	20120707	20130628
21	20130021	锦华 1 号	杜鹃花属	金华市永根杜鹃花培育有限公司	方永根	20120113	20120707	20130628
22	20130022	卧龙 1 号	杜鹃花属	金华市永根杜鹃花培育有限公司	方永根	20120114	20120707	20130628
23	20130023	大吉祥	杜鹃花属	金华市永根杜鹃花培育有限公司	方永根、陈念舟	20120115	20120707	20130628
24	20130024	常春 3 号	杜鹃花属	金华市永根杜鹃花培育有限公司	方永根	20120116	20120707	20130628
25	20130025	盛春 5 号	杜鹃花属	金华市永根杜鹃花培育有限公司	方永根	20120117	20120707	20130628
26	20130026	盛春 6 号	杜鹃花属	金华市永根杜鹃花培育有限公司	方永根	20120118	20120707	20130628
27	20130027	朝阳 1 号	杜鹃花属	金华市永根杜鹃花培育有限公司	方永根	20120119	20120707	20130628
28	20130028	朝阳 2 号	杜鹃花属	金华市永根杜鹃花培育有限公司	方永根	20120120	20120707	20130628

（续）

序号	品种权号	品种名称	属（种）	品种权人	培育人	申请号	申请日	授权日
29	20130029	朝阳 3 号	杜鹃花属	金华市永根杜鹃花培育有限公司	方永根	20120121	20120707	20130628
30	20130030	朝阳 4 号	杜鹃花属	金华市永根杜鹃花培育有限公司	方永根	20120122	20120707	20130628
31	20130031	朝阳 5 号	杜鹃花属	金华市永根杜鹃花培育有限公司	方永根	20120123	20120707	20130628
32	20130032	晋栾 1 号	栾树属	襄垣县国栋园林花木种植专业合作社	王国栋、秦洋洋、安新民、郝朝辉	20120124	20120709	20130628
33	20130033	金陵黄枫	槭　属	江苏省农业科学院	李倩中、李淑顺、荣立苹、唐玲	20120129	20120727	20130628
34	20130034	常春 4 号	杜鹃花属	金华市永根杜鹃花培育有限公司	方永根	20120130	20120803	20130628
35	20130035	红宝石寿星桃	桃　花	王华明	王华明、邵明丽、孟献旗、袁向阳	20120131	20120817	20130628
36	20130036	黄金刺槐	刺槐属	王华明	王华明、邵明丽、孟献旗、袁向阳	20120132	20120817	20130628
37	20130037	双蝶舞	杜鹃花属	大理苍山植物园生物科技有限公司、云南特色木本花卉工程技术研究中心	李奋勇、张长芹、刘国强、钱晓江、张馨	20120134	20120817	20130628
38	20130038	御金香	山茶属	宁波黄金韵茶业科技有限公司、余姚市瀑布仙茗绿化有限公司、宁波市白化茶叶专业合作社	王开荣、韩震、梁月荣、张龙杰、李明、邓隆、王盛彬	20120139	20120827	20130628
39	20130039	黄金斑	山茶属	宁波黄金韵茶业科技有限公司、余姚市瀑布仙茗绿化有限公司、宁波市白化茶叶专业合作社	韩震、王开荣、李明、王建军、邓隆、张龙杰、梁月荣、王盛彬	20120140	20120827	20130628
40	20130040	金玉缘	山茶属	宁波黄金韵茶业科技有限公司、宁波市白化茶叶专业合作社	王开荣、张龙杰、王荣芬、张完林、王盛彬、吴颖	20120141	20120827	20130628
41	20130041	如　意	杜鹃花属	金华市永根杜鹃花培育有限公司	方永根、陈念舟	20120144	20120915	20130628

（续）

序号	品种权号	品种名称	属（种）	品种权人	培育人	申请号	申请日	授权日
42	20130042	阳光男孩	榆　属	黄印冉	黄印冉、张均营、闫淑芳、黄晓旭、黄铃彤、黄印朋	20120149	20121018	20130628
43	20130043	阳光女孩	榆　属	河北省林业科学研究院	黄印冉、张均营、刘俊、闫淑芳、贾宗锴、徐振华	20120150	20121018	20130628
44	20130044	亮叶桔红	杜鹃花属	沃科军	方永根	20120175	20121117	20130628
45	20130045	观　音	榆　属	王建国	王建国	20110138	20111123	20130628
46	20130046	红荷一品红	大戟属	东莞市农业种子研究所	黄子锋、周厚高、王凤兰、王燕君、赖永超、卢美峰	20110094	20110818	20130628
47	20130047	花　轿	蔷薇属	云南省农业科学院花卉研究所	蹇洪英、王其刚、邱显钦、张婷、张颢、晏慧君、王继华、唐开学	20100083	20101125	20130628
48	20130048	粉　荷	蔷薇属	中国农业大学	俞红强	20110051	20110718	20130628
49	20130049	碧　玉	蔷薇属	昆明杨月季园艺有限责任公司	杨玉勇、蔡能、李俊、赖显凤	20110087	20110815	20130628
50	20130050	彩　玉	蔷薇属	昆明杨月季园艺有限责任公司	杨玉勇、蔡能、李俊、赖显凤	20110088	20110815	20130628
51	20130051	月光石	蔷薇属	昆明杨月季园艺有限责任公司	杨玉勇、蔡能、李俊、赖显凤	20110089	20110815	20130628
52	20130052	石榴石	蔷薇属	昆明杨月季园艺有限责任公司	杨玉勇、蔡能、李俊、赖显凤	20110091	20110815	20130628
53	20130053	粉妆阁	蔷薇属	云南丽都花卉发展有限公司、云南省农业科学院花卉研究所	王其刚、蹇洪英、朱应雄、邱显钦、张颢、唐开学、王继华、解定福、骆礼宾	20100080	20101125	20130628
54	20130054	红丝带	蔷薇属	云南丽都花卉发展有限公司、云南省农业科学院花卉研究所	王其刚、蹇洪英、张颢、朱应雄、晏慧君、张婷、唐开学、孙纲、刘亚萍	20100082	20101125	20130628
55	20130055	尼尔普坦（Nirptan）	蔷薇属	里维埃拉卢克斯公司（Lux Riviera S.R.L.）	阿勒萨德·吉尔纳（Alessandro Ghione）	20110019	20110310	20130628

（续）

序号	品种权号	品种名称	属（种）	品种权人	培育人	申请号	申请日	授权日
56	20130056	瑞克格 1636a（Ruicg 1636a）	蔷薇属	迪瑞特知识产权公司（De Ruiter Intellectual Property B.V.）	汉克·德·格罗特（H.C.A.de Groot）	20110024	20110329	20130628
57	20130057	热　舞	蔷薇属	中国农业大学	俞红强	20110054	20110718	20130628
58	20130058	雨花石	蔷薇属	昆明杨月季园艺有限责任公司	杨玉勇、蔡能、李俊、赖显凤	20110090	20110815	20130628
59	20130059	醉红颜	蔷薇属	中国农业大学	刘青林、游捷、俞红强	20120080	20120612	20130628
60	20130060	美人香	蔷薇属	中国农业大学	刘青林、游捷、俞红强	20120081	20120612	20130628
61	20130061	莱克赛蕾（Lexaelat）	蔷薇属	莱克斯月季公司(Lex+B. V.)	亚历山大·尤瑟夫·福伦（Alexander Jozef Voorn）	20080011	20080220	20130628
62	20130062	莱克思诺（Lexgnok）	蔷薇属	莱克斯月季公司(Lex+B. V.)	亚历山大·尤瑟夫·福伦（Alexander Jozef Voorn）	20060051	20061213	20130628
63	20130063	莱克思蒂（Lexteews）	蔷薇属	莱克斯月季公司(Lex+B. V.)	亚历山大·尤瑟夫·福伦（Alexander Jozef Voorn）	20080009	20080220	20130628
64	20130064	莱克思柯（Lexhcaep）	蔷薇属	莱克斯月季公司(Lex+B. V.)	亚历山大·尤瑟夫·福伦（Alexander Jozef Voorn）	20080010	20080220	20130628
65	20130065	勒克桑尼（Lexani）	蔷薇属	莱克斯月季公司(Lex+B. V.)	亚历山大·尤瑟夫·福伦（Alexander Jozef Voorn）	20060007	20060110	20130628
66	20130066	奎因思达（Queen Star）	紫金牛属	D.L. 范登博思（D.L.van den Bos）	狄克·范登博思（Dick van den Bos）	20090017	20090408	20130628
67	20130067	西吕亚洛（Schiallo）	蔷薇属	荷兰彼得·西吕厄斯控股公司（Piet Schreurs Holding B.V.）	P.N.J. 西吕厄斯（Petrus Nicolaas Johannes Schreurs）	20090016	20090408	20130628
68	20130068	可丽斯汀·倍丽（Christine Belli）	杜鹃花属	园艺育种有限公司（Hortibreed N.V.）	约翰·范得海根（Johan Vanderhaegen）	20070053	20071119	20130628
69	20130069	可丽斯汀·西埃那（Christine Siena）	杜鹃花属	园艺育种有限公司（Hortibreed N.V.）	约翰·范得海根（Johan Vanderhaegen）	20070052	20071119	20130628

（续）

序号	品种权号	品种名称	属（种）	品种权人	培育人	申请号	申请日	授权日
70	20130070	霍特 02（Hort 02）	杜鹃花属	园艺育种有限公司（Hortibreed N.V.）	约翰·范得海根（Johan Vanderhaegen）	20110113	20111031	20130628
71	20130071	坦 02522（Tan 02522）	蔷薇属	罗森坦图玛蒂亚斯坦图纳切夫公司（Rosen Tantau，Mathias Tantau Nachf）	克里斯蒂安·埃维尔斯（Christian Evers）	20060038	20060718	20130628
72	20130072	坦 02066（Tan 02066）	蔷薇属	罗森坦图玛蒂亚斯坦图纳切夫公司（Rosen Tantau，Mathias Tantau Nachf）	克里斯蒂安·埃维尔斯（Christian Evers）	20060039	20060718	20130628
73	20130073	坦 03315（Tan 03315）	蔷薇属	罗森坦图玛蒂亚斯坦图纳切夫公司（Rosen Tantau，Mathias Tantau Nachf）	克里斯蒂安·埃维尔斯（Christian Evers）	20080003	20080128	20130628
74	20130074	坦 03266（Tan 03266）	蔷薇属	罗森坦图玛蒂亚斯坦图纳切夫公司（Rosen Tantau，Mathias Tantau Nachf）	克里斯蒂安·埃维尔斯（Christian Evers）	20080004	20080128	20130628
75	20130075	萨瓦丽森（Suapriseven）	杏	太阳世界国际有限公司（Sun World International，LLC）	卡洛斯费尔（Carlos D.Fear）、布鲁斯摩瑞（Bruce D.Mowrey）、大卫盖因（David W.Cain）	20050033	20050517	20130628
76	20130076	萨瓦丽南（Suaprinine）	杏	太阳世界国际有限公司（Sun World International，LLC）	大卫·凯恩（David W. Cain）、特里·培根（Terry A. Bacon）、布鲁斯·莫尔利（Bruce D. Mowrey）	20120019	20120217	20130628
77	20130077	英特亚瑟（Interyassor）	蔷薇属	英特普兰特公司（Interplant B.V.）	范·多伊萨姆（ir.A.J.H.van Doesum）	20060045	20060926	20130628
78	20130078	英特维夫（Interwifoos）	蔷薇属	英特普兰特公司（Interplant B.V.）	范·多伊萨姆（ir.A.J.H.van Doesum）	20060044	20060926	20130628
79	20130079	瑞丽 16101（Ruia16101）	蔷薇属	迪鲁特知识产权公司（De Ruiter Intellectual Property B.V.）	R.J.C. 开思特拉（Reinder Johan Christiaan Kielstra）	20070039	20070906	20130628

（续）

序号	品种权号	品种名称	属（种）	品种权人	培育人	申请号	申请日	授权日
80	20130080	瑞艺 5451（Ruiy5451）	蔷薇属	迪鲁特知识产权公司（De Ruiter Intellectual Property B.V.）	R.J.C. 开思特拉（Reinder Johan Christiaan Kielstra）	20070040	20070906	20130628
81	20130081	奥斯詹姆士（Ausjameson）	蔷薇属	英国大卫奥斯汀月季公司（David Austin Roses Ltd.）	大卫·奥斯汀（David J.C.Austin）	20080015	20080331	20130628
82	20130082	奥斯纽蒂斯（Ausnotice）	蔷薇属	英国大卫奥斯汀月季公司（David Austin Roses Ltd.）	大卫·奥斯汀（David J.C.Austin）	20080016	20080331	20130628
83	20130083	奥斯特（Austew）	蔷薇属	英国大卫奥斯汀月季公司（David Austin Roses Ltd.）	大卫·奥斯汀（David J.C.Austin）	20080025	20080604	20130628
84	20130084	奥斯曼（Ausimmon）	蔷薇属	英国大卫奥斯汀月季公司（David Austin Roses Ltd.）	大卫·奥斯汀（David J.C.Austin）	20080026	20080604	20130628
85	20130085	尾边桉 TH06001	桉　属	中国林业科学研究院热带林业研究所	徐建民、李光友、陆钊华、王伟、王尚明、唐红英、卢国桓、赵汝玉、黄宏健、谭沛涛、柳达、胡杨、吴世军、李宝琦、陈儒香、韩超、杨乐明	20120067	20120529	20131225
86	20130086	尾柳桉 TH06002	桉　属	中国林业科学研究院热带林业研究所	徐建民、李光友、陆钊华、王伟、王尚明、唐红英、卢国桓、赵汝玉、黄宏健、谭沛涛、柳达、胡杨、吴世军、李宝琦、陈儒香、韩超、杨乐明	20120068	20120529	20131225
87	20130087	尾邓桉 TH06008	桉　属	中国林业科学研究院热带林业研究所	徐建民、陆钊华、李光友、王伟、王尚明、唐红英、卢国桓、赵汝玉、黄宏健、谭沛涛、柳达、胡杨、吴世军、李宝琦、陈儒香、韩超、杨乐明	20120069	20120529	20131225
88	20130088	渤海柳 2 号	柳　属	滨州市一逸林业有限公司、山东省林业科学研究院	焦传礼、刘德玺、刘国兴、王振猛、刘桂民、吴全宇、王莉莉、姚树景、杨欢、白云祥	20120078	20120611	20131225

（续）

序号	品种权号	品种名称	属（种）	品种权人	培育人	申请号	申请日	授权日
89	20130089	渤海柳 3 号	柳　属	滨州市一逸林业有限公司、山东省林业科学研究院	焦传礼、吴德军、刘德玺、秦光华、姚树景、杨庆山、李永涛、杨欢、白云祥	20120079	20120611	20131225
90	20130090	辰　光	枣	河北农业大学	刘孟军、刘平、蒋洪恩、代丽、吴改娥、刘治国	20120063	20120518	20131225
91	20130091	泡桐 1201	泡桐属	河南农业大学	茹广欣、李荣幸	20120013	20120113	20131225
92	20130092	泡桐兰白 75	泡桐属	河南农业大学	茹广欣、李荣幸	20120014	20120113	20131225
93	20130093	黑青杨	杨　属	黑龙江省森林与环境科学研究院	王福森、李晶、李树森、孙长刚、赵鹏舟、朱弘、赵玉库、张大伟、安静	20120142	20120912	20131225
94	20130094	青竹柳	柳　属	黑龙江省森林与环境科学研究院	王福森、李晶、李树森、韩家永、李险峰、张树宽、孙淑清、杨金龙、张福平	20120143	20120912	20131225
95	20130095	白四泡桐 1 号	泡桐属	河南农业大学	范国强、王安亭、尚忠海、赵振利、翟晓巧、曹艳春	20120152	20121030	20131225
96	20130096	毛四泡桐 1 号	泡桐属	河南农业大学	范国强、尚忠海、翟晓巧、赵振利、张晓申、李玉峰	20120153	20121030	20131225
97	20130097	兰四泡桐 1 号	泡桐属	河南农业大学	范国强、翟晓巧、王安亭、尚忠海、邓敏捷、刘辉	20120154	20121030	20131225
98	20130098	南四泡桐 1 号	泡桐属	河南农业大学	范国强、尚忠海、翟晓巧、赵振利、张晓申、李玉峰	20120155	20121030	20131225
99	20130099	杂四泡桐 1 号	泡桐属	河南农业大学	范国强、赵振利、翟晓巧、尚忠海、张晓申、李玉峰	20120156	20121030	20131225
100	20130100	平安槐	槐　属	王学坤	王学坤、董春耀	20120062	20120513	20131225
101	20130101	夏日粉裙	山茶属	棕榈园林股份有限公司	黄万坚、殷广湖、邓碧芳	20120160	20121113	20131225
102	20130102	夏日粉黛	山茶属	棕榈园林股份有限公司	赵珊珊、黎艳玲、叶琦君、周明顺	20120162	20121113	20131225
103	20130103	夏日七心	山茶属	棕榈园林股份有限公司	钟乃盛、冯桂梅、刘玉玲、严丹锋	20120163	20121113	20131225
104	20130104	夏日光辉	山茶属	棕榈园林股份有限公司	赵强民、谌光晖、黄万坚	20120165	20121113	20131225
105	20130105	夏咏国色	山茶属	棕榈园林股份有限公司	高继银、黄万坚、刘信凯、黄万建	20120166	20121113	20131225
106	20130106	夏日广场	山茶属	棕榈园林股份有限公司	赖国传、刘玉玲	20120167	20121113	20131225

（续）

序号	品种权号	品种名称	属（种）	品种权人	培育人	申请号	申请日	授权日
107	20130107	夏梦文清	山茶属	棕榈园林股份有限公司	唐文清、钟乃盛	20120171	20121113	20131225
108	20130108	夏梦可娟	山茶属	棕榈园林股份有限公司	许可娟、钟乃盛、刘信凯	20120161	20121113	20131225
109	20130109	夏梦华林	山茶属	棕榈园林股份有限公司	许华林、冯桂梅、凌迈政	20120172	20121113	20131225
110	20130110	夏梦衍平	山茶属	棕榈园林股份有限公司	何衍平、钟乃盛、赵强民	20120174	20121113	20131225
111	20130111	玉铃铛	枣	阜阳市颍泉区枣树行种植专业合作社、钱炳华、阜阳市农业科学院	钱炳华、马宗新、王永斌、李文峰、兰伟、李素梅	20120158	20121109	20131225
112	20130112	冀抗杨 1 号	杨　属	河北农业大学	杨敏生、田颖川、梁海永、王进茂、张军、刘朝华、李晓芬	20130003	20121224	20131225
113	20130113	冀抗杨 2 号	杨　属	河北农业大学	杨敏生、田颖川、梁海永、王进茂、张军、李晓芬、刘朝华	20130004	20121224	20131225
114	20130114	四海升平	紫　薇	泰安市泰山林业科学研究院、山东农业大学、泰安时代园林科技开发有限公司	丰震、张林、王长宪、张安琪、颜卫东、孙中奎、王郑昊、王厚新、王峰、李承秀	20120151	20121030	20131225
115	20130115	北林槐 1 号	刺槐属	北京林业大学	李云、张国君、孙宇涵、徐兆翮、孙鹏、袁存权	20100070	20100921	20131225
116	20130116	北林槐 2 号	刺槐属	北京林业大学	李云、张国君、孙宇涵、徐兆翮、孙鹏、袁存权	20100071	20100921	20131225
117	20130117	北林槐 3 号	刺槐属	北京林业大学	李云、张国君、孙宇涵、孙 鹏、徐兆翮、袁存权	20100072	20100921	20131225
118	20130118	航刺 4 号	刺槐属	北京林业大学	李云、袁存权、路超、孙鹏、孙宇涵	20100076	20100921	20131225
119	20130119	京林一号枣	枣	北京林业大学、沧县国家枣树良种基地	庞晓明、孔德仓、续九如、王继贵、李颖岳、曹明、王爱华	20130026	20130314	20131225
120	20130120	兴安 1 号蓝莓	越橘属	邹芳钰、连俊文、聂森	邹芳钰、连俊文、聂森	20130028	20130401	20131225
121	20130121	鲁林 16 号杨	杨　属	山东省林业科学研究院	姜岳忠、荀守华、乔玉玲、董玉峰、秦光华、王卫东、王月海	20130023	20130306	20131225
122	20130122	鲁林 9 号杨	杨　属	山东省林业科学研究院	姜岳忠、荀守华、乔玉玲、董玉峰、秦光华、王卫东、王月海	20130022	20130306	20131225

（续）

序号	品种权号	品种名称	属（种）	品种权人	培育人	申请号	申请日	授权日
123	20130123	森禾红玉	润楠属	浙江森禾种业股份有限公司	郑勇平	20120145	20120925	20131225
124	20130124	森禾亮丽	润楠属	浙江森禾种业股份有限公司	郑勇平	20120146	20120925	20131225
125	20130125	金　洋	构　属	王凤英、张闯令、张文卓	王凤英、金贵林、于艺、崔巍、张文卓、张闯令	20130077	20130623	20131225
126	20130126	两相思	刚竹属	国际竹藤中心、博爱县竹子科学研究所	郭起荣、毋存俭、张玲、冯云、焦保国、李成用、李越、毋爱霞、李军启、薛保林	20120157	20121101	20131225
127	20130127	齐云山 1 号	南酸枣	江西齐云山食品有限公司	陈周海、刘继延、林朝楷、凌华山	20130029	20130401	20131225
128	20130128	齐云山 7 号	南酸枣	江西齐云山食品有限公司	陈周海、刘继延、林朝楷、凌华山	20130030	20130401	20131225
129	20130129	齐云山 13 号	南酸枣	江西齐云山食品有限公司	陈周海、刘继延、林朝楷、凌华山	20130031	20130401	20131225
130	20130130	青云 1 号	槐　属	河北省林业科学研究院	赵京献、秦素洁、刘俊、郭伟珍	20120159	20121113	20131225
131	20130131	冬红白蜡	白蜡树属	东营市绿鑫种苗有限责任公司、山东省林业科学研究院	孙清文、赵大勇、刘德玺、王振猛、杨庆山	20130062	20130609	20131225
132	20130132	常寒 1 号桉	桉　属	中国林业科学研究院热带林业研究所、常德桉林耐寒桉树种植有限公司	曾炳山、张耀忠、裘珍飞、周国华、刘英、李湘阳、赖伟鹏、赵仪、欧阳聪、李武陵、马小平	20090042	20091116	20131225
133	20130133	菩丝艾诗 007（Poulcs007）	蔷薇属	丹麦蓓薰玫瑰有限公司（Poulsen Roser A/S）	芒斯•奈格特•奥乐森（Mogens Nyegaard Olesen）	20060047	20061009	20131225
134	20130134	菩丝艾诗 011（Poulcs011）	蔷薇属	丹麦蓓薰玫瑰有限公司（Poulsen Roser A/S）	芒斯•奈格特•奥乐森（Mogens Nyegaard Olesen）	20060048	20061009	20131225
135	20130135	西吕塔娜（Schathena）	蔷薇属	荷兰彼得•西吕厄斯控股公司（Piet Schreurs Holding B.V.）	P.N.J. 西吕厄斯（Petrus Nicolaas Johannes Schreurs）	20110013	20110310	20131225

（续）

序号	品种权号	品种名称	属（种）	品种权人	培育人	申请号	申请日	授权日
136	20130136	西吕扎恩（Schiziens）	蔷薇属	荷兰彼得·西吕厄斯控股公司（Piet Schreurs Holding B.V.）	P.N.J. 西吕厄斯（Petrus Nicolaas Johannes SCHREURS）	20110014	20110310	20131225
137	20130137	西吕塔格（Schotoga）	蔷薇属	荷兰彼得·西吕厄斯控股公司（Piet Schreurs Holding B.V.）	P.N.J. 西吕厄斯（Petrus Nicolaas Johannes SCHREURS）	20110015	20110310	20131225
138	20130138	尼尔帕尔（Nirpair）	蔷薇属	意大利里维埃拉卢克斯公司(Lux Riviera S.R.L.)	阿勒萨德·吉尔纳（Alessandro Ghione）	20110018	20110310	20131225
139	20130139	香　颂	蔷薇属	北京林业大学国家花卉工程技术研究中心	张启翔、于超、潘会堂、王蕴红、程堂仁、罗乐、白锦荣	20110110	20111026	20131225
140	20130140	醉　碟	蔷薇属	云南云科花卉有限公司、云南省农业科学院花卉研究所	李树发、蹇洪英、邱显钦、王其刚、张颢、唐开学	20110116	20111028	20131225
141	20130141	高原红	蔷薇属	云南云科花卉有限公司、云南省农业科学院花卉研究所	张婷、蹇洪英、王其刚、周宁宁、张颢、唐开学	20110119	20111028	20131225
142	20130142	金　秋	蔷薇属	云南锦苑花卉产业股份有限公司、石林锦苑康乃馨有限公司	倪功、曹荣根、李飞鹏、杜福顺、田连通、白云评、乔丽婷、阳明祥	20110124	20111110	20131225
143	20130143	春　潮	蔷薇属	北京市园林科学研究所	巢阳、勇伟	20120015	20120210	20131225
144	20130144	东方之珠	蔷薇属	北京市园林科学研究所	冯慧、巢阳、丛日晨、王永格	20120017	20120210	20131225
145	20130145	坦 06464（Tan06464）	蔷薇属	德国罗森坦图月季育种公司（Rosen Tantau KG, Germany）	克里斯汀安·埃维尔斯（Christian Evers）	20120076	20120608	20131225
146	20130146	开阳星	蔷薇属	昆明杨月季园艺有限责任公司	张启翔、杨玉勇、蔡能、赖显凤、潘会堂、罗乐、王佳	20120093	20120614	20131225
147	20130147	摇光星	蔷薇属	昆明杨月季园艺有限责任公司	张启翔、杨玉勇、蔡能、潘会堂、罗乐、王佳、赖显凤	20120096	20120614	20131225
148	20130148	金　辉	蔷薇属	段金辉	段金辉、王其刚、李树发	20120098	20120625	20131225

（续）

序号	品种权号	品种名称	属（种）	品种权人	培育人	申请号	申请日	授权日
149	20130149	杰克罗威（Jacrewhi）	蔷薇属	法国玫兰国际有限公司（Meilland International S.A）	基思莱瑞（Keith Zary）	20070043	20070912	20131225
150	20130150	美尼尔维斯（Meinelvis）	蔷薇属	法国玫兰国际有限公司（Meilland International S.A）	阿兰·安东尼·玫兰（Alain Antoine Melland）	20070020	20070521	20131225
151	20130151	美梅尔巴（Meimelba）	蔷薇属	法国玫兰国际有限公司（Meilland International S.A）	阿兰·安东尼·玫兰（Alain Antoine Melland）	20070018	20070521	20131225
152	20130152	美尼克桑德（Meinixode）	蔷薇属	法国玫兰国际有限公司（Meilland International S.A）	阿兰·安东尼·玫兰（Alain Antoine Melland）	20060042	20060907	20131225
153	20130153	美安吉尔（Meiangele）	蔷薇属	法国玫兰国际有限公司（Meilland International S.A）	阿兰·安东尼·玫兰（Alain Antoine Melland）	20090018	20090504	20131225
154	20130154	美拉巴桑（Meilabasun）	蔷薇属	法国玫兰国际有限公司（Meilland International S.A）	阿兰·安东尼·玫兰（Alain Antoine Melland）	20070021	20070521	20131225
155	20130155	美卡塔娜（Meikatana）	蔷薇属	法国玫兰国际有限公司（Meilland International S.A）	阿兰·安东尼·玫兰（Alain Antoine Melland）	20080017	20080331	20131225
156	20130156	美思泰（Meishitai）	蔷薇属	法国玫兰国际有限公司（Meilland International S.A）	阿兰·安东尼·玫兰（Alain Antoine Melland）	20090043	20091019	20131225
157	20130157	美郎布拉（Meilambra）	蔷薇属	法国玫兰国际有限公司（Meilland International S.A）	阿兰·安东尼·玫兰（Alain Antoine Melland）	20060041	20060907	20131225
158	20130158	幸运阳光（Sunluck）	蔷薇属	新西兰弗兰克月季育种公司（Franko Roses New Zealand Ltd）	弗兰克·斯谷曼（Frank Schuurman）	20010009	20011115	20131225

数据来源：国家林业局植物新品种保护办公室。

附表2　2013年林业植物新品种申请

序号	申请号	品种名称	属（种）	申请人	培育人	申请日
1	20130001	瑞 0643a（Ruia 0643a）	蔷薇属	迪瑞特知识产权公司 De Ruiter Intellectual Property B.V.	汉克·德·格罗特（H.C.A.de Groot）	20121219
2	20130002	都市丽人	蔷薇属	云南尚美嘉花卉有限公司	晏慧君、王其刚、赵家清、唐开学、蹇洪英、张婷、刘辉	20121222
3	20130003	冀抗杨 1 号	杨属	杨敏生	杨敏生、田颖川、梁海永、王进茂、张军、刘朝华、李晓芬	20121224
4	20130004	冀抗杨 2 号	杨属	杨敏生	杨敏生、田颖川、梁海永、王进茂、张军、李晓芬、刘朝华	20121224
5	20130005	青春	蔷薇属	云南锦苑花卉产业股份有限公司	倪功、曹荣根、田连通、白云评、乔丽婷、阳明祥	20130126
6	20130006	幸福	蔷薇属	云南锦苑花卉产业股份有限公司	倪功、曹荣根、田连通、白云评、乔丽婷、阳明祥	20130126
7	20130007	中峰彤王	卫矛属	杜林峰	杜林峰	20130204
8	20130008	中峰密枝	卫矛属	杜林峰	杜林峰	20130204
9	20130009	中峰美姿	卫矛属	杜林峰	杜林峰	20130204
10	20130010	中峰长绿	卫矛属	杜林峰	杜林峰	20130204
11	20130011	中峰标乔	卫矛属	杜林峰	杜林峰	20130204
12	20130012	紫缘	含笑属	中国林业科学研究院亚热带林业研究所	邵文豪、姜景民、董汝湘、谭梓峰、刘昭息	20130204
13	20130013	紫星	含笑属	中国林业科学研究院亚热带林业研究所	邵文豪、姜景民、董汝湘、谭梓峰、刘昭息	20130204
14	20130014	紫梦	含笑属	中国林业科学研究院亚热带林业研究所	姜景民、邵文豪、董汝湘、谭梓峰、刘昭息	20130204
15	20130015	中科 1 号	润楠属	中国科学院华南植物园	熊秉红、曾振新、王少平、刘春艳、李素文、禹玉华	20130206
16	20130016	中科 2 号	润楠属	中国科学院华南植物园	熊秉红、曾振新、王少平、刘春艳、李素文、禹玉华	20130206
17	20130017	金凯特	杏	山东省果树研究所	王金政、薛晓敏、安国宁、张安宁、路超、郭长利	20130115
18	20130018	魁金	杏	山东省果树研究所	王金政、石荫坪、王强生、薛晓敏、安国宁	20130115
19	20130019	转转	含笑属	棕榈园林股份有限公司	王亚玲、张寿洲、杨建芬、刘坤良、赵强民、赵珊珊	20130222
20	20130020	灵枣 3 号	枣	灵武市成园苗木花卉有限公司	喻菊芳、朱连成、朱宜蓁	20130301
21	20130021	甜甜	含笑属	棕榈园林股份有限公司	王亚玲、张寿洲、杨建芬、刘坤良、赵强民、赵珊珊	20130305

（续）

序号	申请号	品种名称	属（种）	申请人	培育人	申请日
22	20130022	鲁林 9 号杨	杨属	山东省林业科学研究院	姜岳忠、荀守华、乔玉玲、董玉峰、秦光华、王卫东、王月海	20130306
23	20130023	鲁林 16 号杨	杨属	山东省林业科学研究院	姜岳忠、荀守华、乔玉玲、董玉峰、秦光华、王卫东、王月海	20130306
24	20130024	莲花公主	蔷薇属	陈弘安	陈弘安、王巧云	20130311
25	20130025	贵妃枣	枣	北京林业大学	庞晓明、孔德仓、李颖岳、曹明、续九如、王爱华	20130314
26	20130026	京林一号枣	枣	北京林业大学	庞晓明、孔德仓、续九如、王继贵、李颖岳、曹明、王爱华	20130314
27	20130027	四季春 1 号	紫荆属	河南四季春园林艺术工程有限公司	张林	20130401
28	20130028	兴安 1 号蓝莓	越橘属	邹芳钰	邹芳钰、连俊文、聂森	20130401
29	20130029	齐云山 1 号	南酸枣	江西齐云山食品有限公司	陈周海	20130401
30	20130030	齐云山 7 号	南酸枣	江西齐云山食品有限公司	陈周海	20130401
31	20130031	齐云山 13 号	南酸枣	江西齐云山食品有限公司	陈周海	20130401
32	20130032	花好月圆	含笑属	中国林业科学研究院亚热带林业研究所	刘军、韩东坤、姜景民	20130402
33	20130033	锦业楝	楝属	范军科	范军科、张巧莲、刑占兵、李红伟、王文军、刘全信	20130407
34	20130034	锦晃荆	紫荆属	范军科	范军科、郑俊霞、李红伟、韩璐、范程豪	20130407
35	20130035	山农早雄	银杏	山东农业大学	刑世岩、李际红、桑亚林	20130416
36	20130036	山农晚雄	银杏	山东农业大学	刑世岩、李际红、桑亚林	20130416
37	20130037	山农雄一	银杏	山东农业大学	刑世岩、李际红、桑亚林	20130416
38	20130038	山农果一	银杏	山东农业大学	刑世岩、苏明洲、樊记欣、皇甫桂月、侯九寰、王宗喜、高森、李际红、桑亚林	20130416
39	20130039	山农果二	银杏	山东农业大学	刑世岩、苏明洲、樊记欣、皇甫桂月、侯九寰、王宗喜、高森、李际红、桑亚林	20130416
40	20130040	山农果三	银杏	山东农业大学	刑世岩、苏明洲、樊记欣、皇甫桂月、侯九寰、王宗喜、高森、李际红、桑亚林	20130416
41	20130041	山农果四	银杏	山东农业大学	刑世岩、苏明洲、樊记欣、皇甫桂月、侯九寰、王宗喜、高森、李际红、桑亚林	20130416

（续）

序号	申请号	品种名称	属（种）	申请人	培育人	申请日
42	20130042	金钰	枫香树属	宁波市林业局林特种苗繁育中心	王建军、章建红、周和峰、王爱军、张波、严春风	20130423
43	20130043	御黄	樟属	宁波市林业局林特种苗繁育中心	王建军、黄华宏、王爱军、周和峰、张波、李修鹏	20130423
44	20130044	江淮 1 号杨	杨属	中国林业科学研究院林业研究所	苏晓华、于一苏、黄秦军、赵自成、吴中能、苏雪辉、刘俊龙、丁昌俊	20130425
45	20130045	玉壶含笑	含笑属	中国科学院华南植物园	杨科明、陈新兰、韦强、廖景平	20130426
46	20130046	森淼红樱	李属	宁夏森淼种业生物工程有限公司	沈效东、白永强、李德亮、于卫平、杜宝山、王君、赵健、徐小潮、李永华、徐美隆	20130503
47	20130047	华油	山桐子属	储浩	储浩	20130506
48	20130048	潘氏花冠贞	女贞属	潘常智	潘常智	20130505
49	20130049	潘氏黄金贞	女贞属	潘常智	潘常智	20130505
50	20130050	潘氏金冠贞	女贞属	潘常智	潘常智	20130505
51	20130051	潘氏金智贞	女贞属	潘常智	潘常智	20130505
52	20130052	修机柏	圆柏属	周修机	周修机	20130507
53	20130053	替码明珠	板栗	河北省农林科学院昌黎果树研究所	王广鹏、孔德军、刘庆香、张树航、王红梅、李海山	20130507
54	20130054	心愿	野牡丹属	广州市园林科学研究所	代色平、王伟、刘慧、张继方、贺漫媚、蒋建友	20130506
55	20130055	天骄	野牡丹属	广州市园林科学研究所	代色平、王伟、刘慧、张继方、贺漫媚、蒋建友	20130506
56	20130056	金陵红	槭属	江苏省农业科学院	李淑顺、李倩中、荣立苹、唐玲	20130507
57	20130057	明丰 1 号	板栗	河北省农林科学院昌黎果树研究所	王广鹏、孔德军、刘庆香、张树航	20130510
58	20130058	转转	含笑属	棕榈园林股份有限公司	王亚玲、张寿洲、杨建芬、刘坤良、赵强民、赵珊珊	20130513
59	20130059	中科绿川 1 号	枸杞属	中国科学院武汉植物园	王瑛、杨天顺、岳建林、董静洲	20130523
60	20130060	鲁青	核桃属	山东省林业科学研究院	侯立群、王钧毅、韩传明、赵登超、张文越	20130609
61	20130061	奥林	核桃属	山东省林业科学研究院	侯立群、王钧毅、赵登超、韩传明、张文越	20130609
62	20130062	冬红白蜡	白蜡树属	东营市绿鑫种苗有限责任公司	孙清文、赵大勇、刘德玺、王振猛、杨庆山	20130609
63	20130063	瑞斯 1105a	蔷薇属	迪瑞特知识产权公司（De Ruiter Intellectual Property B.V.）	汉克德格罗特	20130619

（续）

序号	申请号	品种名称	属（种）	申请人	培育人	申请日
64	20130064	瑞驰 1190a	蔷薇属	迪瑞特知识产权公司（De Ruiter Intellectual Property B.V.)	汉克德格罗特	20130619
65	20130065	瑞驰 0953b	蔷薇属	迪瑞特知识产权公司（De Ruiter Intellectual Property B.V.)	汉克德格罗特	20130619
66	20130066	奈洛比	榕属	扬•凡•格斯特公司 (J. van Geest Holding BV)	扬•凡•格斯特	20130619
67	20130067	埃斯普泰尼克	榕属	扬•凡•格斯特公司 (J. van Geest Holding BV)	扬•凡•格斯特	20130619
68	20130068	埃斯明奥德	榕属	扬•凡•格斯特公司 (J. van Geest Holding BV)	扬•凡•格斯特	20130619
69	20130069	香依	蔷薇属	中国农业大学	俞红强、游捷、刘青林	20130619
70	20130070	香恋	蔷薇属	中国农业大学	俞红强、游捷、刘青林	20130619
71	20130071	蝴蝶泉	蔷薇属	中国农业大学	俞红强、游捷、刘青林	20130619
72	20130072	福禄紫枫 1 号	枫香属	德兴市荣兴苗木有限责任公司	方腾、周卫荣、王喜	20130619
73	20130073	萍紫 1 号	紫珠属	萍乡市林业科学研究所	潜伟平、彭辉武、刘江华、蒋群星	20130620
74	20130074	金蝴蝶构树	构属	王华明	王华明、邵明丽、孟献旗、李红喜、王华昭、袁向阳、周荣霞	20130621
75	20130075	重阳紫荆	紫荆属	王华明	王华明、邵明丽、孟献旗、李红喜、王华昭、袁向阳、周荣霞	20130621
76	20130076	朱羽合欢	合欢属	王华明	王华明、邵明丽、孟献旗、李红喜、王华昭、袁向阳、周荣霞	20130621
77	20130077	金洋	构属	王凤英	王凤英、金贵林、张闯令、张文卓、张吉林、李宝翰	20130623
78	20130078	明丰 2 号	板栗	河北省农林科学院昌黎果树研究所	王广鹏、孔德军、刘庆香、张树航	20130625
79	20130079	波叶栗 1 号	板栗	河北省农林科学院昌黎果树研究所	王广鹏、孔德军、刘庆香、张树航	20130625
80	20130080	南垂 5 号	板栗	河北省农林科学院昌黎果树研究所	王广鹏、孔德军、刘庆香、张树航	20130625

（续）

序号	申请号	品种名称	属（种）	申请人	培育人	申请日
81	20130081	金添玉	刚竹属	国际竹藤中心	郭起荣、禹在定、禹迎春	20130626
82	20130082	小香妃	芍药属	北京林业大学	袁涛、王莲英、李清道、王福、马钧	20130703
83	20130083	蕉香	芍药属	北京东方园林股份有限公司	王莲英、袁涛、王福、李清道、马均	20130703
84	20130084	山川飘香	芍药属	北京东方园林股份有限公司	王莲英、袁涛、李清道、王福、马均	20130703
85	20130085	大彩蝶	芍药属	北京东方园林股份有限公司	王莲英、王福、李清道、袁涛、马均、谭德远	20130703
86	20130086	金衣漫舞	芍药属	北京东方园林股份有限公司	袁涛、王莲英、李清道、王福、马钧、谭德远	20130703
87	20130087	冬北红	石楠属	泰安市泰山林业科学研究院	刘静、王迎、王斌、冯殿齐、黄艳艳、罗磊、宋承东、孔令刚、张虹、孔凡伟	20130704
88	20130088	红岩柳	柳属	鄢陵北方花卉有限公司	李世忠、侯元凯、郑红初、于明江、苏爱平、赵君艳	20130704
89	20130089	福氏紫薇 1 号	紫薇属	江苏省中国科学院植物研究所	陆小清、李乃伟、李云龙、王传伟	20130714
90	20130090	中山杉 9 号	落羽杉属	江苏省中国科学院植物研究所	陆小清、陈永辉、李乃伟、李云龙、王传伟	20130714
91	20130091	宝石	锦带花属	黑龙江省森林植物园	马立华、庄倩、周勇、时雅君、张迎新、郁永英、谷淑芬	20130717
92	20130092	贵妃	锦带花属	黑龙江省森林植物园	马立华、庄倩、周勇、时雅君、张迎新、郁永英、谷淑芬	20130717
93	20130093	雪凝红	核桃属	张忠祥	张忠祥	20130723
94	20130094	嘉能 1 号	麻风树	普罗米绿色能源（深圳）有限公司	车旭涛、白教育、田晶	20130801
95	20130095	嘉能 2 号	麻风树	普罗米绿色能源（深圳）有限公司	车旭涛、白教育、田晶	20130801
96	20130096	嘉能 3 号	麻风树	普罗米绿色能源（深圳）有限公司	车旭涛、白教育、田晶	20130801
97	20130097	嘉桐 1 号	麻风树	普罗米绿色能源（深圳）有限公司	车旭涛、白教育、田晶	20130801
98	20130098	嘉桐 2 号	麻风树	普罗米绿色能源（深圳）有限公司	车旭涛、白教育、田晶	20130801
99	20130099	嘉优 1 号	麻风树	普罗米绿色能源（深圳）有限公司	车旭涛、白教育、田晶	20130801
100	20130100	凯茜丝托迪（Keishisutoki）	蔷薇属	玫兰国际公司（Meilland International S.A.）	武内俊介 (Shunsuke Takeuchi)	20130725

（续）

序号	申请号	品种名称	属（种）	申请人	培育人	申请日
101	20130101	红唇	蔷薇属	通海锦海农业科技发展有限公司	董春富、毕立坤、胡颖	20130729
102	20130102	吻别	蔷薇属	通海锦海农业科技发展有限公司	董春富、毕立坤、胡颖	20130729
103	20130103	圣洁	蔷薇属	通海锦海农业科技发展有限公司	董春富、毕立坤、胡颖	20130729
104	20130104	心相印	蔷薇属	通海锦海农业科技发展有限公司	董春富、毕立坤、胡颖	20130729
105	20130105	胜丰	鹅掌楸属	慈溪市林特技术推广中心	王立如、徐绍清、沈生初、蒋建绒、周和锋、房聪玲、陈旭君	20130731
106	20130106	花容月貌	绣球属	杨玉勇	杨玉勇、罗乐、蔡明、王晓娇、王珂、陈宜栋、宋卓达、黄天雄、郁书俊	20130801
107	20130107	青山绿水	绣球属	杨玉勇	杨玉勇、罗乐、蔡明、王晓娇、王珂、陈宜栋、宋卓达、黄天雄、郁书俊	20130801
108	20130108	花开富贵	绣球属	杨玉勇	杨玉勇、伙秀丽、李晓萌、陶浩、余利乾	20130801
109	20130109	春暖花开	绣球属	杨玉勇	杨玉勇、伙秀丽、李晓萌、陶浩、余利乾	20130801
110	20130110	春花秋月	绣球属	杨玉勇	杨玉勇、罗乐、蔡明、王晓娇、王珂、陈宜栋、宋卓达、黄天雄、郁书俊	20130801
111	20130111	花好月圆	绣球属	杨玉勇	杨玉勇、罗乐、蔡明、王晓娇、王珂、陈宜栋、宋卓达、黄天雄、郁书俊	20130801
112	20130112	花团锦簇	绣球属	杨玉勇	杨玉勇、罗乐、蔡明、王晓娇、王珂、陈宜栋、宋卓达、黄天雄、郁书俊	20130801
113	20130113	锦上添花	绣球属	杨玉勇	杨玉勇、伙秀丽、李晓萌、陶浩、余利乾	20130801
114	20130114	朝花夕拾	绣球属	杨玉勇	杨玉勇、伙秀丽、李晓萌、陶浩、余利乾	20130801
115	20130115	人面桃花	绣球属	杨玉勇	杨玉勇、伙秀丽、李晓萌、陶浩、余利乾	20130801
116	20130116	繁花似锦	绣球属	杨玉勇	杨玉勇、罗乐、蔡明、王晓娇、王珂、陈宜栋、宋卓达、黄天雄、郁书俊	20130801
117	20130117	百花齐放	绣球属	杨玉勇	杨玉勇、伙秀丽、李晓萌、陶浩、余利乾	20130801
118	20130118	庆丰 11 号核桃	核桃属	昭通市昭阳区庆丰果树有限公司	赵庆尤、顾刚	20130805
119	20130119	庆丰 12 号核桃	核桃属	昭通市昭阳区庆丰果树有限公司	赵庆尤、顾刚	20130805
120	20130120	鲁柽 1 号	柽柳属	山东省林业科学研究院	杨庆山、王振猛、杨志良、郑爱民、刘桂民、李永涛、刘德玺、郭林春	20130815

（续）

序号	申请号	品种名称	属（种）	申请人	培育人	申请日
121	20130121	鲁柽 3 号	柽柳属	山东省林业科学研究院	杨庆山、王振猛、杨志良、郑爱民、刘桂民、李永涛、刘德玺、郭林春	20130815
122	20130122	盐松 1 号	柽柳属	山东三益园林绿化有限公司	吕文泉、李献礼、王振猛、杨庆山、魏海霞、刘桂民、王霞	20130815
123	20130123	盐松 2 号	柽柳属	山东三益园林绿化有限公司	李献礼、吕文泉、魏海霞、王振猛、杨庆山、周健、李永涛、王霞	20130815
124	20130124	新桉 3 号	桉属	国家林业局桉树研究开发中心	谢耀坚、罗建中、卢万鸿、林彦、高丽琼	20130815
125	20130125	新桉 4 号	桉属	国家林业局桉树研究开发中心	谢耀坚、罗建中、卢万鸿、林彦、高丽琼	20130815
126	20130126	新桉 5 号	桉属	国家林业局桉树研究开发中心	罗建中、谢耀坚、卢万鸿、林彦、高丽琼	20130815
127	20130127	新桉 6 号	桉属	国家林业局桉树研究开发中心	罗建中、谢耀坚、卢万鸿、林彦、高丽琼	20130815
128	20130128	森淼文冠果 1 号	文冠果	宁夏林业研究所股份有限公司	王娅丽、沈效东、李永华、王钰、陈春伶、秦彬彬	20130816
129	20130129	玉蝴蝶海州常山	大青属	王华明	王华明、袁向阳、孟献旗、王华绍	20130817
130	20130130	金帆紫荆	紫荆属	王华明	王华明、孟献旗、袁向阳、王华昭、田耀华	20130817
131	20130131	晚霞紫荆	紫荆属	王华明	王华明、孟献旗、袁向阳、王华昭	20130817
132	20130132	朝阳醉鱼草	醉鱼草属	王华明	王华明、王玉、孟月娥、谷美红、谢宏伟、陈新会、田原	20130817
133	20130133	金燕黄杨	卫矛属	王华明	王华明、王利民、王玉、陈新会、谢宏伟	20130817
134	20130134	山农翠柏	侧柏属	山东农业大学	邢世岩、王玉山、卢本荣、曲绪奎、李际红、马红	20130902
135	20130135	山农青柏	侧柏属	山东农业大学	邢世岩、王玉山、卢本荣、曲绪奎、李际红、马红	20130902
136	20130136	溪东艺桂	木犀属	冯常柳	冯常柳	20130729
137	20130137	抚红 1 号	山楂属	抚顺市农业科学研究院	焦言英、祁玮、唐树友、秦岳、郭蕾、李俊、王立新、薛建臣、赵敏桂、高宝宁、祁琨杰、于文海、钟宪成、李凤翔、姜涛	20130905
138	20130138	银河	女贞属	柳州市林业科学研究所	罗东升、周通、孙玮	20130905
139	20130139	宁绿	槭属	江苏省农业科学院	荣立苹、李倩中、李淑顺、唐玲	20130906
140	20130140	笑口常开	含笑属	江西省林业科学院	江香梅、曾宪荣、肖复明、宋晓琛、田径、曾秀、程强强、温强	20130917
141	20130141	凤飞枝头	含笑属	江西省林业科学院	江香梅、曾宪荣、肖复明、宋晓琛、田径、曾秀、程强强、温强	20130917

（续）

序号	申请号	品种名称	属（种）	申请人	培育人	申请日
142	20130142	紫霞满天	含笑属	曾宪荣	曾宪荣、江香梅、肖复明、曾秀、宋晓琛、田径、程强强、温强	20130917
143	20130143	荷韵无瑕	含笑属	曾宪荣	曾宪荣、江香梅、肖复明、曾秀、宋晓琛、田径、程强强、温强	20130917
144	20130144	鄂杉 1 号	杉木	湖北省林业科学研究院	徐业洲、杜超群、徐向阳、胡兴宜、张亚东、许秀环、黄国伟、方联群	20130908
145	20130145	金薇	紫薇属	江苏省中国科学院植物研究所	李亚、汪庆、杨如同、王鹏、李林芳、狄蕾、姚淦	20130925
146	20130146	早花翡翠	大青属	山东农业大学	王华田、王延平、张帆、尹彦龙、孟艳艳、公魏明	20130929
147	20130147	红星满天	大青属	山东农业大学	王华田、王延平、张帆、尹彦龙、孟艳艳、公魏明	20130929
148	20130148	红粉绒毛	大青属	山东农业大学	王华田、王延平、张帆、尹彦龙、孟艳艳、公魏明	20130929
149	20130149	木麻黄平潭 2 号	木麻黄属	福建省林业科学研究院	黄金水、柯玉铸、陈端钦	20131002
150	20130150	木麻黄粤 501	木麻黄属	福建省林业科学研究院	黄金水、柯玉铸、陈端钦	20131002
151	20130151	华彩	丁香属	中国科学院植物研究所	崔洪霞、石雷、臧淑英	20131011
152	20130152	金色时光	丁香属	齐福民	齐福民	20131011
153	20130153	金峦	核桃属	齐福民	齐福民	20131011
154	20130154	紫月海棠	苹果属（除水果外）	北京农学院	李月华、窦德泉、冷平生、胡增辉、崔金腾	20131018
155	20130155	热桉 1 号	桉属	中国林业科学研究院热带林业研究所	甘四明、翁启杰、李发根、李梅、吴坤明、吴菊英、洪长福、陈国彪、林东升	20131014
156	20130156	热桉 2 号	桉属	中国林业科学研究院热带林业研究所	甘四明、翁启杰、李发根、李梅、吴坤明、吴菊英、洪长福、陈国彪、林东升	20131014
157	20130157	竹柳 5 号	柳属	洮南文森农林科技有限公司	尹昌杰、尹昌南	20131024
158	20130158	金玉桂花	桂花	李长攸	李长攸、张春艳、张振田	20131104
159	20130159	瑞雪 1 号	山茶属	宁波黄金韵茶业科技有限公司	王开荣、梁月荣、张龙杰、李明、邓隆、韩震、王荣芬、郑新强、吴颖、王盛彬	20131110
160	20130160	醉金红	山茶属	宁波黄金韵茶业科技有限公司	张龙杰、王开荣、梁月荣、韩震、吴颖、王盛彬、邓隆、李明、王荣芬、郑新强	20131110

（续）

序号	申请号	品种名称	属（种）	申请人	培育人	申请日
161	20130161	黄金甲	山茶属	宁波黄金韵茶业科技有限公司	王开荣、梁月荣、张龙杰、吴颖、李明、邓隆、王盛彬、韩震、王荣芬、郑新强	20131110
162	20130162	红运垂枝	桃花	倪黎	倪黎	20131122
163	20130163	锦茂杨	毛白杨	范军科	范军科、范海霞、訾志刚、范程豪	20131125
164	20130164	锦晔榉	榉属	范军科	范军科、马元旭、倪黎、鲁亚非	20131125
165	20130165	锦烨朴	朴属	范军科	范军科、李桂芝、薛景、曲俊鹏	20131125
166	20130166	山农果五	银杏	山东农业大学	邢世岩、苏明洲、樊记欣、皇甫桂月、侯九寰、王宗喜、高森、李际红、桑亚林	20131127
167	20130167	凤凰	栾树属	浙江滕头园林股份有限公司	傅剑波、朱锡君、刘济祥、汪均平、刘军、姜景民	20131128
168	20130168	滨海密枝	柽柳属	河北科技师范学院	杨俊明、刘振林、张国君、杨晴、曹书敏、代波、王子华、武小靖、董聚苗、林燕	20131128
169	20130169	恨天高	榉属	中南林业科技大学	金晓玲、胡希军、吕国梁、曹基武、何平、刘雪梅、汪晓丽	20131211
170	20130170	绿洲御选一号	石榴属	杨凌稼禾绿洲农业科技有限公司	吴小刚	20131212
171	20130171	粉蝶	蔷薇属	云南尚美嘉花卉有限公司	赵家清、陈敏、王丽花、鲁春荣、刘辉、张林、刘玉红、周宁宁、王其刚	20131213
172	20130172	花龟竹	刚竹属	国际竹藤中心	郭起荣、张培新、张宏亮、陈文龙	20131213
173	20130173	虔南桂妃	木犀属	全南厚朴生态林业有限公司	谭志明、廖凯、李石华	20131215
174	20130174	陕茶 1 号	山茶属	安康市汉水韵茶业有限公司	王衍成、余有本、纪昌中、吴世明、李华海、张星显	20131215
175	20130175	玉妍	栗属	余江帆	余江帆、王森	20131220
176	20130176	龙脑香樟	樟属	浙江天树龙脑林业科技开发有限公司	楼天伟、杜美玉、郭有根、宋国荣	20131220
177	20130177	大棠婷美	苹果属（除水果外）	青岛市农业科学研究院	沙广利、黄粤、马荣群、王芝云、孙吉禄、宫象晖	20131230

数据来源：国家林业局植物新品种保护办公室。

附表3　2013年林产品地理标志

序号	编　号	地理标志名称	省（自治区、直辖市）	申请单位	商品名称	备　注
1	第 6 号	新晃龙脑	湖　南	新晃侗族自治县质量技术监督局	新晃龙脑	质检总局已审核
2	第 15 号	建平苦参	辽　宁	建平县质量技术监督局	建平苦参	质检总局已审核
3	第 26 号	赫章核桃	贵　州	赫章县质量技术监督局	赫章核桃	质检总局已审核
4	第 41 号	北票金丝王大枣	辽　宁	北票市质量技术监督局	北票金丝王大枣	质检总局已审核
5	第 41 号	赤壁竹笋	湖　北	赤壁市质量技术监督局	赤壁竹笋	质检总局已审核
6	第 55 号	太白贝母	陕　西	太白县质量技术监督局	太白贝母（咀头产区）	质检总局已审核
7	第 81 号	封开油栗	广　东	封开县质量技术监督局	封开油栗	质检总局已审核
8	第 90 号	长葛枣花蜜	河　南	长葛市质量技术监督局	长葛枣花蜜	质检总局已审核
9	第 91 号	祁东酥脆枣	湖　南	祁东县质量技术监督局	祁东酥脆枣	质检总局已审核
10	第 128 号	利州红栗	四　川	广元市利州区质量技术监督局	利州红栗	质检总局已审核
11	第 136 号	夹江叠鞘石斛	四　川	夹江县质量技术监督局	夹江叠鞘石斛	质检总局已审核
12	第 137 号	宜君核桃	陕　西	宜君县质量技术监督局	宜君核桃	质检总局已审核
13	第 134 号	卡子核桃	四　川	理县质量技术监督局	卡子核桃	质检总局已审核
14	第 134 号	攀枝花块菌	四　川	攀枝花市质量技术监督局	攀枝花块菌	质检总局已审核
15	第 134 号	蓬溪青花椒	四　川	蓬溪县质量技术监督局	蓬溪青花椒	质检总局已审核
16	第 175 号	临县红枣	山　西	临县质量技术监督局	临县红枣	质检总局已审核
17	第 175 号	空山核桃	四　川	通江县质量技术监督局	空山核桃	质检总局已审核
18	第 175 号	周至山茱萸	陕　西	周至县质量技术监督局	周至山茱萸	质检总局已审核
19	第 184 号	霍山灵芝	安　徽	霍山县质量技术监督局	霍山灵芝	质检总局已审核
20	第 184 号	会东块菌	四　川	会东县质量技术监督局	会东块菌	质检总局已审核
21	第 184 号	峨边竹笋	四　川	峨边彝族自治县质量技术监督局	峨边竹笋	质检总局已审核
22	第 184 号	徽县银杏	甘　肃	徽县质量技术监督局	徽县银杏	质检总局已审核
23	第 190 号	雷家店薄皮核桃	辽　宁	建昌县质量技术监督局	雷家店薄皮核桃	质检总局已审核
24	第 190 号	宁国笋干	安　徽	宁国市质量技术监督局	宁国笋干	质检总局已审核

（续）

序号	编　号	地理标志名称	省（自治区、直辖市）	申请单位	商品名称	备　注
25	第 190 号	龙陵紫皮石斛	云　南	龙陵县质量技术监督局	龙陵紫皮石斛	质检总局已审核
26	第 190 号	广南铁皮石斛	云　南	广南县质量技术监督局	广南铁皮石斛	质检总局已审核
27	第 190 号	芒市石斛	云　南	芒市质量技术监督局	芒市石斛	质检总局已审核
28	第 190 号	腾冲红花油茶油	云　南	腾冲县质量技术监督局	腾冲红花油茶油	质检总局已审核
29	第 190 号	宁强华细辛	陕　西	汉中出入境检验检疫局	宁强华细辛	质检总局已审核
30	AGI2013-01-1049	静海金丝小枣	天　津	静海县西翟庄小枣协会	静海金丝小枣	农业部已审核
31	AGI2013-01-1050	徐堡大枣	天　津	徐堡枣种植专业合作社	徐堡大枣	农业部已审核
32	AGI2013-01-1052	迁西栗蘑	河　北	迁西县食用菌协会	迁西栗蘑	农业部已审核
33	AGI2013-01-1061	泽州红山楂	山　西	泽州县晋丰源种植专业合作社	泽州红山楂	农业部已审核
34	AGI2013-01-1064	七里坡山楂	山　西	闻喜县半山腰山楂种植专业合作社	七里坡山楂	农业部已审核
35	AGI2013-01-1070	绥中核桃	辽　宁	绥中县核桃协会	绥中核桃	农业部已审核
36	AGI2013-01-1080	勃利蓝靛果	黑龙江	勃利县蓝靛果行业协会	勃利蓝靛果	农业部已审核
37	AGI2013-01-1090	邵店板栗	江　苏	新沂市农业技术推广中心	邵店板栗	农业部已审核
38	AGI2013-01-1115	历城核桃	山　东	济南市历城区果业协会	历城核桃	农业部已审核
39	AGI2013-01-1172	龙陵紫皮石斛	云　南	龙陵县石斛协会	龙陵紫皮石斛	农业部已审核
40	AGI2013-01-1184	柴达木枸杞	青　海	海西州农业科学研究所	柴达木枸杞	农业部已审核
41	AGI2013-01-1161	盐边桑椹	四　川	盐边县蚕桑丝绸协会	盐边桑椹	农业部已审核
42	AGI2013-02-1207	文登银杏	山　东	文登市绿色食品协会	文登银杏	农业部已审核
43	AGI2013-02-1218	白石山铁皮石斛	广　西	桂平市植保植检站	白石山铁皮石斛	农业部已审核
44	AGI2013-02-1233	策勒红枣	新　疆	策勒县农产品质量安全检测中心	策勒红枣	农业部已审核
45	AGI2013-03-1253	临县红枣	山　西	临县黄河红枣协会	临县红枣	农业部已审核
46	AGI2013-03-1257	阳城桑葚	山　西	阳城县高优蚕茧农民专业合作社	阳城桑葚	农业部已审核
47	AGI2013-03-1258	清徐沙金红杏	山　西	清徐县马峪乡农科协会	清徐沙金红杏	农业部已审核
48	AGI2013-03-1259	孙家湾香椿	山　西	忻州市忻府区孙家湾香椿生产合作社	孙家湾香椿	农业部已审核
49	AGI2013-03-1266	泗交黑木耳	山　西	夏县咱老家土特产专业合作社	泗交黑木耳	农业部已审核
50	AGI2013-03-1293	冠豸山铁皮石斛	福　建	连城县经济作物技术推广站	冠豸山铁皮石斛	农业部已审核

（续）

序号	编　号	地理标志名称	省（自治区、直辖市）	申请单位	商品名称	备　注
51	AGI2013-03-1294	宜丰竹笋	江　西	宜丰县绿色食品发展办公室	宜丰竹笋	农业部已审核
52	AGI2013-03-1301	灰埠大枣	山　东	邹城市大束镇大枣协会	灰埠大枣	农业部已审核
53	AGI2013-03-1302	五莲板栗	山　东	五莲县果树站	五莲板栗	农业部已审核
54	AGI2013-03-1349	山阳核桃	陕　西	山阳县林业站	山阳核桃	农业部已审核
55	AGI2013-03-1353	瓜州枸杞	甘　肃	瓜州县林果科技服务中心	瓜州枸杞	农业部已审核
56	AGI2013-03-1367	盐池甘草	宁　夏	盐池县中药材站	盐池甘草	农业部已审核
57	AGI2013-03-1368	托克逊红枣	新　疆	托克逊县红枣产业协会	托克逊红枣	农业部已审核
58	AGI2013-03-1370	民丰大枣	新　疆	民丰县农业技术推广站	民丰大枣	农业部已审核
59	AGI2013-03-1371	托克逊杏	新　疆	托克逊县经济林产业协会	托克逊杏	农业部已审核
60	11340616	兴隆板栗	河　北	兴隆县果树技术推广站	新鲜栗子	商标局已注册
61	11340617	兴隆山楂	河　北	兴隆县果树技术推广站	山楂	商标局已注册
62	11593899	大城金丝小枣	河　北	大城县枣粮间作科技协会	干枣	商标局已注册
63	11232651	新开岭山楂	辽　宁	建昌红果种植专业协会	山楂	商标局已注册
64	12109271	小南沟桑葚	辽　宁	葫芦岛市农业品牌促进会	桑葚	商标局已注册
65	11047769	石柱参	辽　宁	宽甸满族自治县柱参协会	人参	商标局已注册
66	12432099	桓仁黄芪	辽　宁	桓仁满族自治县土特产品行业协会	黄芪（中药材）	商标局已注册
67	12432100	桓仁板栗	辽　宁	桓仁满族自治县农副产品行业市场协会	新鲜板栗	商标局已注册
68	12235226	东宁黑木耳	黑龙江	东宁县食用菌协会	黑木耳	商标局已注册
69	11675041	大兴安岭黑木耳	黑龙江	大兴安岭山特产品开发推广协会	新鲜木耳	商标局已注册
70	11675042	大兴安岭黑木耳	黑龙江	大兴安岭山特产品开发推广协会	木耳	商标局已注册
71	11082730	新宾林蛙	辽　宁	新宾满族自治县土特产品协会	林蛙干（中药材）、林蛙油（中药材）	商标局已注册
72	12379665	泗阳杨树	江　苏	泗阳县木业商会	树木等	商标局已注册
73	10493149	新昌白术	浙　江	新昌县特种经济作物总站	白术	商标局已注册
74	12087412	嵊州香榧	浙　江	嵊州市香榧产业协会	加工过的香榧	商标局已注册
75	8731109	繁昌长枣	安　徽	繁昌县代冲果品协会	干枣	商标局已注册

（续）

序号	编　号	地理标志名称	省（自治区、直辖市）	申请单位	商品名称	备　注
76	10643629	金寨板栗	安　徽	金寨县板栗协会	新鲜栗子	商标局已注册
77	12756887	金寨茯苓	安　徽	金寨县茯苓产业协会	茯苓	商标局已注册
78	12757642	金寨西洋参	安　徽	金寨县食药用菌产业协会	西洋参	商标局已注册
79	12914810	金寨山茶油	安　徽	金寨县油茶协会	山茶油	商标局已注册
80	12914811	金寨山核桃	安　徽	金寨县山核桃协会	山核桃（加工过的）	商标局已注册
81	12973040	金寨天麻	安　徽	金寨县中药材协会	天麻（中药材）	商标局已注册
82	12973042	金寨灵芝	安　徽	金寨县中药材协会	灵芝（中药材）	商标局已注册
83	11870936	柘荣太子参	福　建	柘荣县太子参协会	太子参（中药材）	商标局已注册
84	12475852	射垛板栗	山　东	章丘市垛庄镇板栗协会	新鲜栗子	商标局已注册
85	11830819	邹平香椿	山　东	邹平县红芽香椿产业协会	香椿	商标局已注册
86	13066668	泰山板栗	山　东	泰安市岱岳区下港乡特色农产品产业协会	新鲜栗子	商标局已注册
87	11531568	大羊薄皮核桃	山　东	东平县核桃发展协会	核桃（坚果）	商标局已注册
88	13037096	汶上牛蒡	山　东	汶上县军屯乡农业技术推广协会	牛蒡（药材）	商标局已注册
89	12765803	泗水核桃	山　东	泗水县金庄镇核桃协会	核桃（新鲜水果）	商标局已注册
90	11831383	城前核桃	山　东	邹城市城前镇农副产品协会	核桃（新鲜的）	商标局已注册
91	13072966	北山大枣	山　东	曲阜市吴村镇农业综合服务站	枣（新鲜的）	商标局已注册
92	12234979	磊石桂花	山　东	临沂高新区磊石桂花协会	桂花树	商标局已注册
93	13036060	高青桑葚	山　东	高青县桑蚕协会	新鲜桑葚	商标局已注册
94	12571595	临朐板栗	山　东	临朐县寺头镇板栗协会	板栗（新鲜水果）	商标局已注册
95	12735873	临朐山楂	山　东	临朐县辛寨镇石家峪村果品协会	山楂（新鲜水果）	商标局已注册
96	12735875	临朐香椿	山　东	临朐县寺头镇果蔬协会	香椿（新鲜蔬菜）	商标局已注册
97	11803481	沂山板栗	山　东	临朐县沂山镇果业协会	板栗	商标局已注册
98	11687631	寿光小枣	山　东	寿光蔬菜瓜果产业协会	鲜枣	商标局已注册
99	12642518	昌乐香李	山　东	昌乐县朱刘农副产品协会	李子（新鲜水果）	商标局已注册
100	12370639	冠县灵芝	山　东	冠县优质农产品协会	灵芝	商标局已注册
101	11898326	茌平圆铃大枣	山　东	茌平县优质农产品协会	枣	商标局已注册

（续）

序号	编 号	地理标志名称	省（自治区、直辖市）	申请单位	商品名称	备 注
102	12356019	沼山茶油	湖 北	鄂州市沼山茶油协会	食用油	商标局已注册
103	12356020	沼山茶油	湖 北	鄂州市沼山茶油协会	食用油	商标局已注册
104	11802534	谷城黑木耳	湖 北	谷城县食用菌协会	木耳（新鲜的）	商标局已注册
105	11802535	谷城黑木耳	湖 北	谷城县食用菌协会	木耳	商标局已注册
106	11476798	南漳黑木耳	湖 北	南漳县农业科学研究所	木耳	商标局已注册
107	11892896	靖州杨梅	湖 南	靖州苗族侗族自治县杨梅专业协会	杨梅	商标局已注册
108	11116368	邵阳茶油	湖 南	邵阳县油茶产业发展办公室	茶油	商标局已注册
109	12405994	彭水油茶	重 庆	彭水苗族土家族自治县油茶管理协会	油茶（植物）	商标局已注册
110	12405995	彭水大脚菌	重 庆	彭水苗族土家族自治县农业开发经营管理协会	大脚菌（干食用菌）	商标局已注册
111	10773072	金口河乌天麻	四 川	乐山市金口河区天麻专业技术协会	乌天麻	商标局已注册
112	11905875	石棉枇杷	四 川	石棉县农业技术推广中心	枇杷	商标局已注册
113	11442176	石棉巨型核桃	四 川	石棉县林业局林业科技推广站	新鲜核桃	商标局已注册
114	11645284	石棉指核桃	四 川	石棉县林业局林业科技推广站	新鲜核桃	商标局已注册
115	12399059	青神竹编	四 川	青神县竹编产业协会	竹工艺品	商标局已注册
116	13084375	荣县油茶	四 川	荣县油茶协会	食用油	商标局已注册
117	13084376	荣县油茶	四 川	荣县油茶协会	油茶籽	商标局已注册
118	11401586	景东核桃	云 南	景东彝族自治县林业局林业技术推广服务中心	加工过的核桃、核桃仁	商标局已注册
119	11401587	景东核桃	云 南	景东彝族自治县林业局林业技术推广服务中心	新鲜核桃	商标局已注册
120	12756237	广南西枫斗	云 南	广南县经济作物工作站	西枫斗	商标局已注册
121	9498100	永善花椒	云 南	永善县土特产品产销协会	花椒	商标局已注册
122	9793054	剑川木雕	云 南	剑川县狮河木雕工艺协会	木雕家具、木雕工艺品	商标局已注册
123	10059581	腾冲红花油茶	云 南	腾冲县林学会	油茶植物	商标局已注册
124	10958638	腾冲红花油茶	云 南	腾冲县林学会	食用油	商标局已注册
125	11421789	商洛核桃	陕 西	商洛市核桃产业协会	鲜核桃	商标局已注册

数据来源：国家地理标志网、中国商标网和中国农产品质量安全网。

附表4 2013年主要林业图书

序号	ISBN	书　名	责任者	出版者	出版日期
1	978-7-5038-7155-9	2012 中国林业产业重大问题调查研究报告	中国林业产业重大问题调研组主编	中国林业出版社	201309
2	978-7-5537-0836-2	700 种多肉植物原色图鉴	王意成编著	江苏科学技术出版社	201303
3	978-7-5677-0756-6	RNA 干扰与植物生长发育	夏广清著	吉林大学出版社	201310
4	978-7-5038-7152-8	八达岭长城风景林数字化管理技术及应用研究	赵广亮编著	中国林业出版社	201308
5	978-7-5038-7228-0	白杨杂交育种	赵曦阳，邬荣领著	中国林业出版社	201307
6	978-7-109-18256-1	北京野生果树	郭家选等著	中国农业出版社	201308
7	978-7-5038-7089-7	采运工程生态学研究	赵尘等编著	中国林业出版社	201306
8	978-7-5624-7424-1	茶树栽培技术	于龙凤编	重庆大学出版社	201306
9	978-7-5487-0922-0	常见藤本植物图谱	陶抵辉主编	中南大学出版社	201307
10	978-7-5038-7156-6	城市生态学	温国胜主编	中国林业出版社	201308
11	978-7-5038-7084-2	城乡梯度森林生态过程研究	陈伏生主编	中国林业出版社	201308
12	978-7-03-037660-2	丛枝菌根真菌—紫穗槐共生体系的研究	宋福强，王立，马放著	科学出版社	201306
13	978-7-5611-7504-0	大连植物彩色图谱	张淑梅，姜学品主编	大连理工大学出版社	201302
14	978-7-5038-7058-3	大小兴安岭生态功能区建设生态补偿机制研究	李炜著	中国林业出版社	201306
15	978-7-81130-594-4	当代中国的林业建设与开发	胡运宏，贺俊杰著	江苏大学出版社	201310
16	978-7-5038-6848-1	道路绿化技术研究	祝遵凌，芦建国，胡海波著	中国林业出版社	201301
17	978-7-5038-7049-1	鼎湖山南亚热带森林：树种及其分布格局	曹洪麟编著	中国林业出版社	201308
18	978-7-5038-6833-7	豆目树种与根瘤菌	韩素芬，林树燕编著	中国林业出版社	201301
19	978-7-03-036855-3	独龙江流域及邻近区域植被与植物研究	王崇云，和兆荣，彭明春编著	科学出版社	201303
20	978-7-5038-7142-9	杜鹃花菌根研究及其应用	张春英著	中国林业出版社	201308
21	978-7-03-037400-4	多功能林业发展模式	樊宝敏，吴水荣，王彦辉主编	科学出版社	201305
22	978-7-03-037452-3	多功能林业规划模型	张德成，李智勇，白冬艳著	科学出版社	201307
23	978-7-03-037998-6	伏牛山药用植物志（第五卷·上册）	尹卫平，高致明著	科学出版社	201306
24	978-7-5038-7093-4	福建木本植物检索表	游水生，兰思仁，陈世品编著	中国林业出版社	201307
25	978-7-5615-4637-6	福建树木彩色图鉴	何国生编著	厦门大学出版社	201309

（续）

序号	ISBN	书　名	责任者	出版者	出版日期
26	978-7-80714-773-2	甘肃三北防护林建设史话	张可荣，洪涛主编	甘肃文化出版社	201301
27	978-7-5038-7088-0	甘肃盐池湾国家级自然保护区植物图鉴	孙学刚，张玉斌，刘晓娟编著	中国林业出版社	201306
28	978-7-5038-7063-7	高尔夫球场景观设计	冯娴慧等著	中国林业出版社	201307
29	978-7-5038-7035-4	公益林和流域生态补偿机制研究	江泽慧主编	中国林业出版社	201304
30	978-7-5038-7109-2	公益林生态补偿	张颖，金笙著	中国林业出版社	201309
31	978-7-03-038279-5	古树保护与生态文化建设	樊国盛，段男，曹丽编著	科学出版社	201308
32	978-7-5038-6926-6	鼓浪屿古树名木	刘海桑著	中国林业出版社	201302
33	978-7-5038-7171-9	广东森林经营方案编制与执行：理论与实践	邓鉴锋等主编	中国林业出版社	201308
34	978-7-5038-7068-2	广西动植物生态学研究（第 4 集）	梁士楚，马姜明主编	中国林业出版社	201306
35	978-7-5038-7010-1	广西集体林权制度改革综合绩效评价与政策调整研究	奉钦亮，陈秋华编著	中国林业出版社	201304
36	978-7-5038-6921-1	2012 国家林业重点工程社会经济效益监测报告	国家林业局经济发展研究中心，国家林业局发展规划与资金管理司编	中国林业出版社	201301
37	978-7-5038-7046-0	海南吊罗山野生植物彩色图鉴	秦新生编著	中国林业出版社	201305
38	978-7-03-036919-2	海南植物名录	杨小波主编	科学出版社	201303
39	978-7-03-038917-6	海峡两岸生态学名词	海峡两岸生态学名词工作委员会编	科学出版社	201311
40	978-7-5335-4295-5	海峡两岸生物多样性与森林保护文化学术研讨会论文选集（2012）	福建戴云山国家级自然保护区管理局编	福建科学技术出版社	201306
41	978-7-5038-6852-8	河岸植被带恢复技术	李林英等编著	中国林业出版社	201305
42	978-7-122-17297-6	河岸植被缓冲带定量规划的理论、方法与实证研究	左俊杰，蔡永立著	化学工业出版社	201309
43	978-7-5509-0214-5	河南林业生态省建设纪实（2010）	王照平编	黄河水利出版社	201301
44	978-7-5038-7005-7	河南栾川古树名木	谢红伟主编	中国林业出版社	201304
45	978-7-5649-1094-5	河南植物地理研究	张金泉著	河南大学出版社	201305
46	978-7-5525-0640-2	贺兰山植被	梁存柱主编	阳光出版社	201303
47	978-7-5609-8475-9	鹤山树木志	易绮斐，林永标著	华中科技大学出版社	201301
48	978-7-5038-7003-3	黑龙江省大小兴安岭林区林产工业低碳经济发展模式研究	李英，王新宇著	中国林业出版社	201303

（续）

序号	ISBN	书　名	责任者	出版者	出版日期
49	978-7-109-18089-5	黑龙江省非公有制林业的运行与政府规制研究	雒文虎，吕武著	中国农业出版社	201306
50	978-7-5038-7050-7	黑龙江省国有林权改革效果评价及配套政策研究	仲维维著	中国林业出版社	201301
51	978-7-109-17533-4	红棕象甲监测与防治	贾伟权，阎伟主编	中国农业出版社	201301
52	978-7-5111-1060-2	后处理对 ACQ-D 处理材流失性影响及固着机理研究	于丽丽，曹金珍著	中国环境科学出版社	201301
53	978-7-5111-1053-4	胡杨在盐胁迫下差异表达基因的筛选以及胡杨 *PeSCL7* 基因功能分析	马洪双，尹伟伦，夏新莉著	中国环境科学出版社	201307
54	978-7-5116-1102-4	华北落叶松	姚延梼编	中国农业科学技术出版社	201301
55	978-7-5038-7053-8	华北土石山区森林经营模式研究与评价	张建华，梁文俊主编	中国林业出版社	201305
56	978-7-5609-8049-2	华南药用植物	叶华谷，曾飞燕，叶育石主编	华中科技大学出版社	201307
57	978-7-81092-854-0	基于抗虫林分结构和化学信息素应用的松树小蠹生态防控策略	谢寿安，吕淑杰，刘玉社著	西北农林科技大学出版社	201312
58	978-7-5038-7002-6	基于可持续发展的国有林区系统脆弱性成因分析及路径解决研究	于波涛著	中国林业出版社	201303
59	978-7-5038-6855-9	基于平板电脑的森林资源清查数据采集与管理系统	魏安世主编	中国林业出版社	201301
60	978-7-5603-3664-0	极端环境生物学效应与营养	卢卫红主编	哈尔滨工业大学出版社	201301
61	978-7-109-17733-8	集体林区农户林地使用权流转行为研究：以福建省和江西省为例	柯水发著	中国农业出版社	201305
62	978-7-5038-7086-6	2012 集体林权制度改革监测报告	国家林业局“集体林权制度改革监测”项目组著	中国林业出版社	201306
63	978-7-5123-3693-3	家具设计	逯海勇主编	中国电力出版社	201301
64	978-7-5038-7144-3	江苏古树名木名录	江苏省绿化委员会编	中国林业出版社	201309
65	978-7-03-037655-8	江苏沿海地区原色种子植物志：双子叶植物合瓣花类和单子叶植物	于延球编著	科学出版社	201306
66	978-7-81092-834-2	金属元素与植物组织培养	袁云香著	西北农林科技大学出版社	201307
67	978-7-5038-7091-0	经济林栽培学	谭晓风主编	中国林业出版社	201307
68	978-7-5046-6331-3	井冈山自然保护区种子植物名录	刘仁林主编	中国科学技术出版社	201307

（续）

序号	ISBN	书　名	责任者	出版者	出版日期
69	978-7-5349-5128-2	景观园林植物图鉴	闫双喜编	河南科学技术出版社	201302
70	978-7-122-16836-8	景观植物造型与配置	陈远吉主编	化学工业出版社	201306
71	978-7-109-16371-3	菌物资源学	李玉编	中国农业出版社	201308
72	978-7-03-038347-1	抗癌植物红豆杉的研究与应用	朱婉萍等著	科学出版社	201308
73	978-7-229-06253-8	昆仑植物志（第 4 卷）	吴玉虎主编	重庆出版社	201303
74	978-7-5482-1670-4	昆明古树名木	马骏主编	云南大学出版社	201310
75	978-7-5537-0375-6	兰花名品新品鉴赏与栽培	王意成编著	江苏科学技术出版社	201302
76	978-7-5038-7102-3	林产品国际贸易	程宝栋，缪东玲，宋维明编著	中国林业出版社	201306
77	978-7-5082-7988-6	林木育苗技术	孙时轩著	金盾出版社	201301
78	978-7-5352-5746-8	林木种苗繁育技术	陈邦海主编	湖北科学技术出版社	201305
79	978-7-5038-7141-2	林下经济发展政策汇编	国家林业局农村林业改革发展司编	中国林业出版社	201308
80	978-7-5116-1184-0	林下特色农业实用技术	段碧华，李琳，冯彩云主编	中国农业科学技术出版社	201305
81	978-7-5038-6965-5	林业经济学	万志芳等编著	中国林业出版社	201305
82	978-7-5038-7098-9	林业统计、监测与评价指标体系和方法研究	陈文汇，刘俊昌，胡明形著	中国林业出版社	201308
83	978-7-5038-7113-9	林业政策学	柯水发主编	中国林业出版社	201307
84	978-7-5116-1269-4	磷素迁移规律与模拟	周丽丽著	中国农业科学技术出版社	201306
85	978-7-5038-7038-5	绿色经济与林业发展论：第六届中国林业技术经济理论与实践论坛	陈建成，田明华，肖忠优主编	中国林业出版社	201301
86	978-7-5130-1452-6	绿色性灵：林史与农经研究文集	古开弼编	知识产权出版社	201307
87	978-7-5038-7081-1	麻疯树生殖生态研究	费世民，何亚平著	中国林业出版社	201306
88	978-7-81092-793-2	马尾松人工林健康评价及生态调控关键技术研究	刘君昂，周国英，靳爱仙著	西北农林科技大学出版社	201301
89	978-7-03-035977-3	毛竹林平衡施肥与营养管理	牛德奎，陈防，张文元等著	科学出版社	201301
90	978-7-5038-7080-4	明清家具鉴赏与制作分解图鉴（上）	刘文利，李岩主编	中国林业出版社	201308
91	978-7-5038-7080-4	明清家具鉴赏与制作分解图鉴（下）	刘文利，李岩主编	中国林业出版社	201308
92	978-7-03-036615-3	木材的碳素储存与科学保护	许民，李坚编著	科学出版社	201301
93	978-7-03-037532-2	木材无机纳米表面修饰引论	孙庆丰，卢芸，刘一星编著	科学出版社	201305
94	978-7-5038-7022-4	木结构建筑材料学	张宏健，费本华主编	中国林业出版社	201308

（续）

序号	ISBN	书　名	责任者	出版者	出版日期
95	978-7-5038-7023-1	木结构建筑结构学	刘雁，刁海林，杨庚主编	中国林业出版社	201308
96	978-7-03-037725-8	木质纤维生物质及其组分的理化特性与热解规律	武书彬等著	科学出版社	201306
97	978-7-5615-4722-9	南方滨海耐盐植物资源	王文卿，陈琼著	厦门大学出版社	201309
98	978-7-5038-7052-1	南方林业发展问题研究：第九次南方森林经理理论与实践座谈会暨南方林业发展论坛文集	陈世清，王本洋主编	中国林业出版社	201307
99	978-7-5609-8005-8	南岭国家级自然保护区植物区系与植被	王发国，董安强主编	华中科技大学出版社	201304
100	978-7-5609-7986-1	南岭珍稀植物	曾庆文，邢福武等主编	华中科技大学出版社	201304
101	978-7-5665-0384-8	内蒙古灌木树种资源与利用	温阳，王炜主编	内蒙古大学出版社	201306
102	978-7-5029-5731-5	能源植物发展潜力遥感信息获取与评价	庄大方，江东，刘磊著	气象出版社	201306
103	978-7-5046-6327-6	宁波林业害虫图册	胡德具主编	中国科学技术出版社	201305
104	978-7-5341-5334-1	宁波森林植被	陆志敏主编	浙江科学技术出版社	201302
105	978-7-308-10963-5	农林生物科学通论	管康林，金松恒，朱向涛编著	浙江大学出版社	201303
106	978-7-03-038737-0	刨花板 VOCs 释放研究	沈隽等著	科学出版社	201310
107	978-7-5038-7260-0	砒砂岩区沙棘生态工程的综合效益评价	安宝利著	中国林业出版社	201311
108	978-7-5038-7064-4	蜱类学	刘敬泽，杨晓军编著	中国林业出版社	201308
109	978-7-03-037071-6	普通植物病理学	谢联辉主编	科学出版社	201303
110	978-7-301-22382-6	普通植物病理学实验	王生荣等编著	北京大学出版社	201304
111	978-7-03-038003-6	祁连山维管植物彩色图谱	张勇，冯起，高海宁编著	科学出版社	201308
112	978-7-04-036341-8	气候变化挑战下的森林生态系统经营管理	布拉沃编著	高等教育出版社	201301
113	978-7-03-036715-0	秦岭火地塘常见植物图鉴	姜在民，文建雷主编	科学出版社	201303
114	978-7-03-036730-3	秦岭太白山常见植物彩色图鉴	胡理乐，李俊生主编	科学出版社	201303
115	978-7-03-037524-7	青藏高原地区植物资源利用与生物技术	王俊丽主编	科学出版社	201305
116	978-7-03-037311-3	青藏高原鸟类分类与分布	刘廼发，包新康，廖继承主编	科学出版社	201305
117	978-7-5038-7111-5	全国林下经济实践百例	国家林业局农村林业改革发展司编	中国林业出版社	201308
118	978-7-5038-6821-4	森林多资源清查规划与经营管理	国家林业局天然林保护工程管理中心编著	中国林业出版社	201301
119	978-7-03-037119-5	森林经营对多维目标功能的影响评价与模拟研究	何友均，覃林，李智勇著	科学出版社	201304
120	978-7-03-037388-5	森林空间结构分析	汤孟平等著	科学出版社	201305

（续）

序号	ISBN	书　名	责任者	出版者	出版日期
121	978-7-03-036779-2	森林培育理论与技术进展	张建国主编	科学出版社	201303
122	978-7-109-18390-2	森林生态系统类型自然保护区协同与可持续	龙勤，孟利清著	中国农业出版社	201311
123	978-7-03-037948-1	森林生态系统水文过程与功能	余新晓，史宇，王贺年著	科学出版社	201306
124	978-7-03-036974-1	森林生态系统优先流研究	牛健植等著	科学出版社	201303
125	978-7-5038-6975-4	森林食品产地环境与质量安全	江波等著	中国林业出版社	201303
126	978-7-5615-4519-5	森林调查技术	廖建国主编	厦门大学出版社	201304
127	978-7-03-036849-2	森林土壤研究集成	罗承德等著	科学出版社	201303
128	978-7-03-037127-0	森林植被碳储量动态变化研究	李世东，胡淑萍，唐小明编著	科学出版社	201303
129	978-7-5653-1383-7	森林植物鉴定	薛晓明，谢春春主编	中国人民公安大学出版社	201308
130	978-7-5038-6915-0	森林资源监督管理工作手册	王志高主编	中国林业出版社	201305
131	978-7-5038-6874-0	森林资源调查空间抽样与数据分析	李明阳，菅利荣著	中国林业出版社	201301
132	978-7-5388-7636-9	沙棘生物活性物质综合利用	赵春建，李春英，董凤丽著	黑龙江科学技术出版社	201307
133	978-7-5038-6986-0	山地型城市森林生态网络构建与景观建设研究	方文等著	中国林业出版社	201304
134	978-7-5607-4772-9	山东木本植物特征及分布	陈景和，王森林主编	山东大学出版社	201305
135	978-7-5605-4573-8	山东药用植物志	李建秀，周凤琴，张照荣主编	西安交通大学出版社	201308
136	978-7-5038-7062-0	生态功能区建设与国有林区改革转型	王爱文主编	中国林业出版社	201305
137	978-7-5046-6334-4	生物质精炼技术与传统制浆造纸工业	中国科协学会学术部编	中国科学技术出版社	201305
138	978-7-312-03135-9	湿地景观演变及其对保护区景观结构与功能的影响	孙贤斌著	中国科学技术大学出版社	201303
139	978-7-03-035724-3	石漠化植被恢复科学研究	姚小华，任华东，李生著	科学出版社	201301
140	978-7-5038-7244-0	世界林业专利技术现状与发展趋势	国家林业局知识产权研究中心编著	中国林业出版社	201310
141	978-7-03-038602-1	世界玉兰属植物资源与栽培利用	赵天榜，田国行，傅大立主编	科学出版社	201309
142	978-7-5384-6671-3	树木经典图鉴	徐晔春主编	吉林科学技术出版社	201309
143	978-7-5364-7662-2	四川大花蕙兰研究	四川省植物工程研究院花卉研究所编著	四川科学技术出版社	201306
144	978-7-5038-6912-9	四川疫区林业血防的理论与实践	蒋俊明，费世民，何亚平著	中国林业出版社	201301
145	978-7-03-037201-7	台湾桤木研究与引种	王金锡，王树椿编	科学出版社	201305
146	978-7-03-036915-4	苔藓植物	贾渝，何思编著	科学出版社	201310

（续）

序号	ISBN	书　名	责任者	出版者	出版日期
147	978-7-5046-6322-1	太岳山针阔混交林生物多样性研究：山西灵空山自然保护区科学考察集	郭东罡，上官铁梁编著	中国科学技术出版社	201305
148	978-7-5478-1788-9	郯城县古树名木志	郯城县地方史志办公室，郯城县林业局，郯城县城市管理行政执法局编著	上海科学技术出版社	201307
149	978-7-5038-7065-1	铁皮石斛原生态栽培技术	罗仲春，罗斯丽，罗毅波编著	中国林业出版社	201307
150	978-7-5349-6069-7	外国造园艺术	陈志华著	河南科学技术出版社	201301
151	978-7-5504-1147-0	温室景观及植物鉴赏	彭光富编著	西南财经大学出版社	201309
152	978-7-109-17811-3	文冠果种实性状与引种栽培研究	侯元凯，杨超伟著	中国农业出版社	201306
153	978-7-5038-7054-5	我国速生丰产用材林发展潜力研究	李红勋，马花如著	中国林业出版社	201306
154	978-7-5038-6985-3	舞毒蛾及其检疫与控制	陈乃中主编	中国林业出版社	201305
155	978-7-5674-0048-1	雾灵山昆虫生态图鉴	张培毅编著	东北林业大学出版社	201301
156	978-7-03-036921-5	西北民族地区植物资源利用与生物技术	王俊丽主编	科学出版社	201303
157	978-7-5116-1192-5	西藏草地植物彩色图谱（第一卷）	谷安琳，王庆国主编	中国农业科学技术出版社	201303
158	978-7-5038-7124-5	西方园林史：19 世纪之前	朱建宁著	中国林业出版社	201308
159	978-7-5038-7048-4	现代国有林场森林经营理论与实践	刘俊昌，胡明形，陈文汇著	中国林业出版社	201307
160	978-7-03-037854-5	现代林业概论	宋墩福，刘郁林，翟学昌主编	科学出版社	201306
161	978-7-5038-6895-5	现代林业统计评价研究	张建龙主编	中国林业出版社	201301
162	978-7-5038-7028-6	现代森林测定法	王雪峰，陆元昌编著	中国林业出版社	201305
163	978-7-5654-1170-0	乡村林权缔约的经验研究：新集体林权制度改革	刘杰著	东北财经大学出版社	201305
164	978-7-5038-7114-6	乡村人居林	邱尔发，董建文，许飞著	中国林业出版社	201308
165	978-7-03-037924-5	小果油茶资源与遗传多样性研究	姚小华，黄勇著	科学出版社	201306
166	978-7-5038-7069-9	小五台山昆虫资源（第一卷）	徐志华，郭书彬，彭进友主编	中国林业出版社	201306
167	978-7-5038-7069-9	小五台山昆虫资源（第二卷）	徐志华，郭书彬，彭进友主编	中国林业出版社	201306
168	978-7-03-036857-7	新疆塔里木盆地野生植物名录	李志军等著	科学出版社	201303
169	978-7-03-036856-0	新疆塔里木盆地野生植物图谱	李志军，黄文娟，杨赵平著	科学出版社	201303
170	978-7-5341-4880-4	沿海防护林造林技术	高智慧主编	浙江科学技术出版社	201301
171	978-7-122-18194-7	杨树丰产栽培与病虫害防治	安新哲主编	化学工业出版社	201311

（续）

序号	ISBN	书　名	责任者	出版者	出版日期
172	978-7-5677-0753-5	药用植物化感作用的研究与应用	张秋菊著	吉林大学出版社	201310
173	978-7-5170-0929-0	园林经济管理	杨立峰主编	中国水利水电出版社	201306
174	978-7-5170-0953-5	园林树木学	周秀梅，李保印主编	中国水利水电出版社	201307
175	978-7-5655-0699-4	园林植物虫害发生与防治	李水祥，辛国奇，刘风鱼主编	中国农业大学出版社	201307
176	978-7-5038-7166-5	园林植物季相景观设计手册	李作文，李雪飞主编	中国林业出版社	201308
177	978-7-5643-2455-1	园林植物景观营造与维护	杨丽琼，肖雍琴主编	西南交通大学出版社	201307
178	978-7-5038-7100-9	园林植物生长发育与环境	关继东，向民，王世昌主编	中国林业出版社	201308
179	978-7-5646-1824-7	园林植物学	侯玉杰，李静婷主编	中国矿业大学出版社	201303
180	978-7-112-14449-5	园林植物学	董丽，包志毅编著	中国建筑工业出版社	201308
181	978-7-5624-7470-8	园艺植物遗传育种	章承林主编	重庆大学出版社	201309
182	978-7-03-030246-5	藻—草—灌（—乔）综合治理荒漠化与区域可持续发展	刘永定主编	科学出版社	201306
183	978-7-206-09423-1	长白山林野养生珍品	汤君主编	吉林人民出版社	201301
184	978-7-109-17784-0	长白山森林土壤线虫：形态分类与分布格局	张晓珂，梁文举，李琪著	中国农业出版社	201303
185	978-7-5038-7151-1	浙江百山祖森林动态样地：树种及其分布格局	丁炳扬等著	中国林业出版社	201309
186	978-7-109-18399-5	浙江省农户林地流转行为及绩效研究	徐秀英等著	中国农业出版社	201310
187	978-7-5038-7128-3	植物保护实践技术	马良进主编	中国林业出版社	201307
188	978-7-122-17583-0	植物分子生物学技术实验指导	饶力群主编	化学工业出版社	201308
189	978-7-81129-599-3	植物功能基因的发掘及其应用	鲁振强著	黑龙江大学出版社	201305
190	978-7-5116-1248-9	植物抗氧化剂及其应用	闵九康主编	中国农业科学技术出版社	201306
191	978-7-115-31137-5	植物名字的故事	刘夙著	人民邮电出版社	201305
192	978-7-5161-3104-6	植物品种权价值链利益分配问题研究	高洁著	中国社会科学出版社	201308
193	978-7-5038-6865-8	植物生理生化	王三根主编	中国林业出版社	201301
194	978-7-122-16128-4	植物生理学	郝建军，于洋，张婷主编	化学工业出版社	201303
195	978-7-5038-7079-8	植物生理学	郑彩霞主编	中国林业出版社	201308
196	978-7-03-037495-0	植物生理学	王三根主编	科学出版社	201309
197	978-7-5655-0659-8	植物生理学实验	蔡庆生主编	中国农业大学出版社	201301

（续）

序号	ISBN	书　名	责任者	出版者	出版日期
198	978-7-03-037064-8	植物显微图解	冯燕妮，李和平编著	科学出版社	201303
199	978-7-5116-1275-5	植物学	王建书主编	中国农业科学技术出版社	201306
200	978-7-307-11513-2	植物有性生殖实验研究四十年	杨弘远，周嫦编著	武汉大学出版社	201310
201	978-7-122-16344-8	植物组织培养	巩振辉，申书兴编	化学工业出版社	201305
202	978-7-5019-9173-0	植物组织培养	石文山编	中国轻工业出版社	201306
203	978-7-5655-0735-9	植物组织培养技术	梁明勤，陈世昌主编	中国农业大学出版社	201307
204	978-7-312-03363-6	植物组织培养与工厂化种苗生产技术	薛建平，连勇主编	中国科学技术大学出版社	201311
205	978-7-5038-7103-0	智能控制及其在林业工程中的应用	王克奇，白雪冰，孙丽萍编著	中国林业出版社	201307
206	978-7-5038-6900-6	中国古建园林大全（北方卷）	郭成源主编	中国林业出版社	201303
207	978-7-5038-6901-3	中国古建园林大全（南方卷）	郭成源主编	中国林业出版社	201303
208	978-7-5038-6598-5	中国桂花	杨康民等编著	中国林业出版社	201301
209	978-7-5038-7057-6	中国国有林场森林资源管理研究	刘俊昌，杨连清，管长岭著	中国林业出版社	201307
210	978-7-5116-1290-8	中国核桃栽培新技术	任成忠主编	中国农业科学技术出版社	201306
211	978-7-109-17579-2	中国集体林业产权制度配套改革中的农户决策行为研究	廖文梅著	中国农业出版社	201303
212	978-7-5038-7207-5	中国菊花全书	张树林，戴思兰主编	中国林业出版社	201308
213	978-7-03-038978-7	中国蕨类植物多样性与地理分布	严岳鸿，张宪春，马克平编著	科学出版社	201311
214	978-7-5038-6780-4	2013 中国林业发展报告	国家林业局主编	中国林业出版社	201310
215	978-7-5038-7008-8	中国林业植物授权新品种（2012）	国家林业局科技发展中心（国家林业局植物新品种保护办公室）编	中国林业出版社	201304
216	978-7-109-17954-7	中国麻核桃	郗荣庭，张志华主编	中国农业出版社	201307
217	978-7-5038-6976-1	中国森林生态系统生物量及其分配研究	罗云建等著	中国林业出版社	201304
218	978-7-5038-6927-3	中国森林资源的可持续经营：采育林技术研究	柏广新著	中国林业出版社	201301
219	978-7-5038-6977-8	中国芍药科野生种迁地保护与新品种培育（汉英对照）	王莲英，袁涛，王福著	中国林业出版社	201304
220	978-7-03-035039-8	中国杓兰属植物	陈心启等著	科学出版社	201304
221	978-7-5038-6882-5	中国西藏高原湿地	刘务林，朱雪林著	中国林业出版社	201305

（续）

序号	ISBN	书　名	责任者	出版者	出版日期
222	978-7-5038-6969-3	中国亚热带经济林研究——庄瑞林文集	《中国亚热带经济林研究——庄瑞林文集》编委会编	中国林业出版社	201306
223	978-7-5038-7230-3	中国银杏种质资源	邢世岩编著	中国林业出版社	201311
224	978-7-80763-144-6	中国油茶油桐病虫害彩色原生态图鉴	吴耀军，奚福生主编	广西科学技术出版社	201301
225	978-7-5677-0595-1	中国长白山木本植物彩色图志	朱俊义，周繇著	吉林大学出版社	201309
226	978-7-5038-7026-2	中国珍稀濒危植物图鉴	国家林业局野生动植物保护与自然保护区管理司，中国科学院植物研究所编著	中国林业出版社	201305
227	978-7-5116-1161-1	中国植胶区林下植物（海南卷）	谢贵水，王纪坤，林位夫著	中国农业科学技术出版社	201307
228	978-7-5337-5891-2	中国竹类蚧虫	吴世君，马秀英编著	安徽科学技术出版社	201304
229	978-7-03-036660-3	中国棕榈藤	江泽慧，王慷林主编	科学出版社	201303
230	978-7-03-037662-6	重度盐碱地营造杨树人工林	祖元刚主编	科学出版社	201306
231	978-7-03-038269-6	重金属污染土壤修复植物种质资源研究：以川西矿区为例	张世熔，贾永霞主编	科学出版社	201308
232	978-7-03-039137-7	竹纤维制备技术	陈礼辉，黄六莲，曹石林著	科学出版社	201311
233	978-7-03-038034-0	主导协同经营导论：多功能林业的理论框架与政策选择	李智勇，温亚利，王登举编著	科学出版社	201307

资料来源：中国林业科学研究院图书馆。

附表5　2013年主要林业软件著作权

序号	登记号	软件全称	著作权人	登记日期
1	2013SRBJ0653	森林资源管理系统	北京林业大学	20130922
2	2013SRBJ0241	森林生态站时空数据挖掘系统	北京林业大学	20130523
3	2013SRBJ0640	林业叙词表管理系统	北京林业大学	20130922
4	2013SRBJ0350	林业应用中的无线传感器网络数据采集与传输系统	北京林业大学	20130625
5	2013SRBJ0246	林业数据可视化软件	北京林业大学	20130523
6	2013SRBJ0223	林木枝条基径模型系统	北京林业大学	20130523
7	2013SRBJ0805	生产建设项目水土保持措施调查数据管理系统	北京林业大学	20131212
8	2013SRBJ0848	基于 Android 的北斗定位和信息交互系统	北京林业大学	20131212
9	2013SRBJ0835	基于遥感图像的植被监测可视化系统	北京林业大学	20131212
10	2013SRBJ0537	林权流转监控系统	北京林业大学	20130922
11	2013SRBJ0636	果品营养知识服务系统	北京林业大学	20130922
12	2013SRBJ0638	果树病虫害诊断专家系统	北京林业大学	20130922
13	2013SRBJ0639	基于《林业叙词表》的林业信息检索系统	北京林业大学	20130922
14	2013SRBJ0351	北京山区森林生态系统三维褶皱指数模型系统	北京林业大学	20130625
15	2013SRBJ0349	基于无线传感器网络的森林监测与管理信息系统	北京林业大学	20130625
16	2013SRBJ0361	基于 ExtJS 的林木种质管理系统	北京林业大学	20130625
17	2013SRBJ0379	基于 android 平台的森林公园导览系统	北京林业大学	20130625
18	2013SRBJ0380	基于 Android 平台的植物叶片识别系统	北京林业大学	20130625
19	2013SRBJ0381	基于 Android 的树木认知导航软件	北京林业大学	20130625
20	2013SRBJ0222	北京山区森林生态系统三维空间信息指数模型系统	北京林业大学	20130523
21	2013SRBJ0189	北京市古树信息管理系统	北京林业大学	20130523
22	2013SRBJ0210	枣树种质信息管理系统	北京林业大学	20130523
23	2013SRBJ0233	工程绿化概预算编制系统	北京林业大学	20130523
24	2013SRBJ0234	工程绿化图形信息管理系统	北京林业大学	20130523
25	2013SRBJ0188	树高胸径模型系统	北京林业大学	20130427

（续）

序号	登记号	软件全称	著作权人	登记日期
26	2013SRBJ0048	基于本体的森林虫害检索系统	北京林业大学	20130325
27	2013SRBJ0123	基于 Android 的立木资产价值评估软件	北京林业大学	20130325
28	2013SR034293	园林植物查询系统	北京林业大学	20130416
29	2013SR128245	森林资源一张图数据处理软件	北京林业大学	20131118
30	2013SR127818	森林资源一张图数据监控软件	北京林业大学	20131118
31	2013SR083866	林业信息采集与信息检索系统	北京林业大学	20130813
32	2013SR018900	林业资源清查二类调查手机数据采集软件	北京林业大学	20130301
33	2013SR018839	林业资源清查二类调查在线数据采集软件	北京林业大学	20130301
34	2013SR018810	林业资源清查二类调查数据统计软件	北京林业大学	20130301
35	2013SR018757	林业资源清查一类及三类调查在线数据采集软件	北京林业大学	20130301
36	2013SR018754	林业资源清查一类及三类调查手机数据采集软件	北京林业大学	20130301
37	2013SR127195	林场管理 OA 系统	北京林业大学	20131116
38	2013SR102008	花卉栽培基质评价系统	北京林业大学	20130917
39	2013SR127522	林火要素测定软件	北京林业大学	20131116
40	2014SR002488	林木 LiDAR 点云数据三维显示软件	北京林业大学	20140108
41	2013SR133394	林区智能巡检系统应用网站软件	北京林业大学	20131126
42	2013SR127862	林区多源影像自动配准系统	北京林业大学	20131118
43	2013SR123410	林区巡检快速检测与数据管理系统	北京林业大学	20131111
44	2013SR123386	林区巡检与生态智能决策数据管理系统下位机软件	北京林业大学	20131111
45	2013SR123381	林区巡检与生态智能决策数据管理系统	北京林业大学	20131111
46	2013SR136528	测树全站仪立木材积测量软件	北京林业大学	20131202
47	2013SR136515	测树全站仪遮挡情况下树高材积测量软件	北京林业大学	20131202
48	2013SR162072	果树障碍药带精准喷施控制系统	北京林业大学	20131230
49	2013SR161952	ANN-CA Forest Pest 原型系统	北京林业大学	20131230
50	2013SR158374	面向大尺度三维植被场景的遥感模拟软件	北京林业大学	20131226
51	2013SR146656	基于智能计算的灵武长枣识别系统	北京林业大学	20131216
52	2013SR140571	多源林区采育目标检测识别系统	北京林业大学	20131207

（续）

序号	登记号	软件全称	著作权人	登记日期
53	2013SR139776	北京山区河流生态健康评价模型系统	北京林业大学	20131206
54	2013SR132022	用于林木联合采育作业的实时仿真控制软件系统	北京林业大学	20131125
55	2013SR131072	北林多源林区图像融合系统	北京林业大学	20131122
56	2013SR128246	树干解析计算软件	北京林业大学	20131118
57	2013SR127826	3D 近景摄影测量测树系统	北京林业大学	20131118
58	2013SR127813	电子测树枪角规测树计算软件	北京林业大学	20131118
59	2013SR127326	小班造林决策展现软件	北京林业大学	20131116
60	2013SR127272	一元二元立木材积表计算查询软件	北京林业大学	20131116
61	2013SR125174	含植被措施的简易坡体安全系数计算系统	北京林业大学	20131113
62	2013SR123910	剪枝机器人控制系统	北京林业大学	20131112
63	2013SR122734	基于 Flash 的植物细胞可视化模拟交互应用软件	北京林业大学	20131109
64	2013SR091410	活立木生物电参数及其环境信息采集软件	北京林业大学	20130828
65	2013SR090829	活立木生物电参数及其环境信息监测软件	北京林业大学	20130828
66	2013SR084520	区域生态风险等级划分评价系统	北京林业大学	20130814
67	2013SR055582	基于无线多媒体传感器网络的野生动物监测系统	北京林业大学	20130606
68	2013SR023030	样木复位程序	北京林业大学	20130313
69	2013SR019183	Casio fx-CG20 计算器森林调查软件	北京林业大学	20130301
70	2013SR018780	一种角规量测森林小班蓄积及生物量的精准推估软件	北京林业大学	20130301
71	2013SR018765	三维激光扫描仪活立木量测软件	北京林业大学	20130301
72	2013SR018761	电子经纬仪、全站仪活立木量测软件	北京林业大学	20130301
73	2013SR008168	营造林管理信息系统	北京林业大学	20130125
74	2013SR157507	林业信息专用搜索引擎平台	东北林业大学	20131225
75	2013SR107267	林业基础知识教育网站管理系统	东北林业大学	20131011
76	2013SR017480	林业突发事件应急响应系统	东北林业大学	20130226
77	2013SR118358	人工林木材根径材积核算系统	东北林业大学	20131104
78	2013SR104812	人工林生境评价系统	东北林业大学	20130927
79	2013SR142572	东林板材纹理识别系统	东北林业大学	20131210

（续）

序号	登记号	软件全称	著作权人	登记日期
80	2013SR030298	东北林业大学专业学位硕士学位信息在线采集系统	东北林业大学	20130401
81	2013SR017483	林下经济产品条形码扫描应用程序软件	东北林业大学	20130226
82	2013SR016924	征占用林地行政许可监督检查管理系统	东北林业大学	20130226
83	2013SR038045	广东省林业重点生态工程造林成效评价系统	广东省林业调查规划院	20130426
84	2013SR065896	基于 B/S 架构科技计划项目维护服务系统	黑龙江省森林工程与环境研究所、祝彦杰、卢中波、许谭、江璟瑜、张鑫炎、王佳佳、冯亚男	20130715
85	2013SR161787	自走式果园自动对靶喷雾机控制软件	南京林业大学	20131230
86	2013SR009796	机械密封性能试验装置测控系统	南京林业大学	20130130
87	2013SR015815	森林案件讯问管理系统	南京森林警察学院	20130222
88	2013SR041244	林业有害生物预警监测管理信息系统	南京森林警察学院	20130506
89	2013SR079272	花卉苗木病虫害预警防控信息平台	南通市森林植物病虫害防治检疫站、黄卫新、俞建国、孙刚、陈翕兰	20130801
90	2013SR043077	四川省林地落界成果质量检查系统	四川省林业调查规划院	20130510
91	2013SR030387	植物叶片面积检测软件	西北农林科技大学	20130401
92	2013SR125329	病虫害百科软件	西北农林科技大学	20131113
93	2013SR017374	秦岭林药资源信息管理系统	西北农林科技大学	20130226
94	2013SR013699	黄龙山林区森林资源时空变化分析系统	西北农林科技大学	20130218
95	2013SR030177	基于 Android 智能平台的 GPS 位置监测系统软件	西南林业大学	20130330
96	2013SR001587	嵌入式 GPS 位置短信息监测仪系统软件	西南林业大学、中国林业科学研究院森林生态环境与保护研究所	20130107
97	2013SR043217	林权综合管理信息平台	云南省林业调查规划院生态分院	20130510
98	2013SR043216	林权管理地理信息系统	云南省林业调查规划院生态分院	20130510
99	2013SR007440	森林通道资源管理及可视化平台	浙江工业大学	20130123
100	2013SR118904	胶合板施胶量控制系统软件	浙江农林大学	20131104
101	2013SR004614	家具产品标准化管理系统软件	浙江农林大学	20130115
102	2013SR105998	生态公益林管理信息系统	浙江农林大学	20131008
103	2013SR122700	森林资源时空数据查询系统	浙江农林大学	20131109

（续）

序号	登记号	软件全称	著作权人	登记日期
104	2013SR106829	森林资源空间数据处理软件	浙江农林大学	20131010
105	2013SR106239	森林资源连续清查复核系统	浙江农林大学	20131009
106	2013SR106237	森林生态传感网部署系统	浙江农林大学	20131009
107	2013SR106140	森林资源数据管理系统	浙江农林大学	20131008
108	2013SR106118	森林资源信息共享和发布系统	浙江农林大学	20131008
109	2013SR105853	森林资源动态变化管理系统	浙江农林大学	20131008
110	2013SR104912	农林业土壤旱情监测软件	浙江农林大学	20130927
111	2013SR126527	林业模拟通用接口传感器系统	浙江农林大学	20131115
112	2013SR106121	林业管理综合协调系统	浙江农林大学	20131008
113	2013SR105127	林业宗地管理系统	浙江农林大学	20130929
114	2013SR106653	林场及森林公园管理系统	浙江农林大学	20131009
115	2013SR126603	花卉大棚传感器网络系统	浙江农林大学	20131115
116	2013SR137946	林火蔓延模拟软件	浙江农林大学	20131204
117	2013SR144446	古树名木调查管理系统软件	浙江农林大学	20131212
118	2013SR151330	多通道应力波木材检测嵌入式软件	浙江农林大学	20131220
119	2013SR149317	智能苗木喷淋系统嵌入式软件	浙江农林大学	20131218
120	2013SR143576	基于二调数据的县域森林碳储量更新预测软件	浙江农林大学	20131211
121	2013SR143547	基于一调数据的区域森林碳储量更新预测软件	浙江农林大学	20131211
122	2013SR140717	亚热带主要经济林重大病虫害图像分割系统	浙江农林大学	20131207
123	2013SR140581	鲜花销售管理系统	浙江农林大学	20131207
124	2013SR131740	亚热带主要经济林重大病虫害论坛系统	浙江农林大学	20131125
125	2013SR129010	板栗林土壤温室气体排放评估与预测系统	浙江农林大学	20131119
126	2013SR128935	亚热带主要经济林重大病虫害视频管理系统	浙江农林大学	20131119
127	2013SR128780	亚热带主要经济林重大病虫害图像管理系统	浙江农林大学	20131119
128	2013SR128763	亚热带主要经济林重大病虫害图像预处理系统	浙江农林大学	20131119
129	2013SR128418	亚热带主要经济林重大害虫自动识别仿真系统	浙江农林大学	20131119
130	2013SR124184	基于 Android 的植物园管理系统	浙江农林大学	20131112

（续）

序号	登记号	软件全称	著作权人	登记日期
131	2013SR108275	亚热带主要经济林重大病虫害信息查询与管理系统	浙江农林大学	20131014
132	2013SR105846	林政业务管理系统	浙江农林大学	20131008
133	2013SR100673	地方林业局网上办公系统	浙江农林大学	20130914
134	2013SR061754	远程红外森林防火报警系统	浙江农林大学	20130625
135	2013SR032922	珍贵木材智能电子标签识别系统	浙江农林大学	20130411
136	2013SR028653	基于 RFID 的古树名木 Android 版管理系统	浙江农林大学	20130327
137	2013SR093680	林业 948 项目综合管理信息系统	中国林业科学研究院林业科技信息研究所	20130902
138	2013SR133413	湿地生态站信息管理系统	中国林业科学研究院林业新技术研究所	20131127
139	2013SR120688	乌梁素海湿地综合管理服务平台系统	中国林业科学研究院林业新技术研究所	20131107
140	2013SR074851	林火扑救应急指挥三维 GIS 软件	中国林业科学研究院林业新技术研究所、郭志华、王凯松、郭彦茹、武高洁、郭菊兰、任利民、郑刚、张艳、曹萌	20130726
141	2013SR122446	岷江上游地区生态地理要素空间查询系统	中国林业科学研究院林业研究所	20131109
142	2013SR074715	基于 MSP430 多通道数据采集器的固化软件	中国林业科学研究院林业研究所	20130726
143	2013SR107862	昆虫标本管理信息系统	中国林业科学研究院森林生态环境与保护研究所	20131012
144	2013SR103049	区域水资源植被承载力计算系统	中国林业科学研究院森林生态环境与保护研究所	20130922
145	2013SR046405	云南省松材线虫病重点新疫区精细化风险评估管理信息系统	中国林业科学研究院资源昆虫研究所、石雷、马云强	20130517
146	2013SR007384	森林资源管理信息系统	中国林业科学研究院资源信息研究所	20130123
147	2013SR008747	林分结构分布模拟系统	中国林业科学研究院资源信息研究所	20130128
148	2014SR006325	荒漠化小卫星智能遥感监测与评价系统	中国林业科学研究院资源信息研究所	20140116
149	2013SR065144	基于地面三维激光扫描的树木枝干参数提取系统	中国林业科学研究院资源信息研究所	20130713
150	2013SR008749	基于生态环境的林分生长模拟系统	中国林业科学研究院资源信息研究所	20130128
151	2013SR007252	林改区资源管理信息系统	中国林业科学研究院资源信息研究所	20130123
152	2013SR007147	参数化杉木个体可视化模拟系统	中国林业科学研究院资源信息研究所	20130123
153	2013SR071183	亚太林业信息数据库管理系统	中国林业科学研究院资源信息研究所、中国林业科学研究院林业研究所	20130722
154	2013SR067404	科技成果转化动态信息检索平台系统	中南林业科技大学、谭三清、杨志高、张贵	20130717
155	2013SR162696	园林景区管理系统软件	中南林业科技大学	20131231

（续）

序号	登记号	软件全称	著作权人	登记日期
156	2013SR162692	园林景区工程维护管理系统软件	中南林业科技大学	20131231
157	2013SR150252	森林碳汇市场远程交易平台系统软件	中南林业科技大学	20131219
158	2013SR129529	森林火灾移动指挥系统	中南林业科技大学	20131120
159	2013SR117395	森林资源碳储量计量地理信息系统	中南林业科技大学	20131101
160	2013SR148436	木材企业加工销售管理系统软件	中南林业科技大学	20131217
161	2013SR148435	木材加工连续式平压热压机温度控制系统软件	中南林业科技大学	20131217
162	2013SR117442	林火卫星热点自动报警定位系统	中南林业科技大学	20131101
163	2013SR129528	野生动植物管理信息系统	中南林业科技大学	20131120
164	2013SR150832	原木加工企业数据库备份系统软件	中南林业科技大学	20131219
165	2013SR146126	洞庭湖湿地生态服务价值及其保护与管理对策研究用户权限管理系统软件	中南林业科技大学	20131214
166	2013SR117204	基于谷歌地图的林火蔓延模拟和损失评估系统	中南林业科技大学	20131101

数据来源：中国版权保护中心计算机软件著作权登记公告。

附表6　2013年林业科研院所授权发明专利

序号	申请号	名　称	专利权人	发明人	申请日	授权公告日
1	CN201010139409.3	低位截干萌芽切接建立油茶采穗圃的方法	常德市林业科学研究所、李子辉	姚文华、李子辉、印道胜、李广、黄新望、罗忠、代君慧	20100403	20131113
2	CN201110277803.8	一种球孢白僵菌的分阶段固体培养方法	福建省林业科学研究院	何学友、蔡守平、黄金水、熊瑜、杨希	20110919	20130403
3	CN201210083846.7	一种油橄榄温室温床扦插育苗方法	甘肃省林业科学研究院	姜成英、陈炜青、赵梦炯、吴文俊	20120327	20130828
4	CN201010524617.5	一种复配杀虫剂	广东省林业科学研究院	徐金柱、何雪香、秦长生、廖仿炎	20101029	20130612
5	CN201110082086.3	马大相思育苗专用复合肥	广东省林业科学研究院、张方秋、潘文	潘文、张方秋、张卫华、丁晓纲	20110401	20130417
6	CN201010108609.2	便携式芳香油提取装置	广西壮族自治区分析测试研究中心、广西壮族自治区林业科学研究院	莫建光、陆顺忠、黎贵卿、陈秋虹、卢安根、黄志标、周琳、黄岛平、周翔、劳燕文、徐慧、黄艳	20100210	20130206
7	CN201210190525.7	用于小型昆虫嗅觉仪的成虫释放管	广西壮族自治区林业科学研究院	常明山、吴耀军、蒋学建、邓艳、黄华艳、秦元丽、文娟、盛双	20120611	20131225
8	CN201210481103.5	一种杉木组织培养外植体获取方法	广西壮族自治区林业科学研究院	黄开勇、陈琴、郝海坤、蓝肖、戴俊	20121123	20131204
9	CN201210514322.9	相思树花粉离体培养活力检测技术	广西壮族自治区林业科学研究院	曹艳云、彭玉华、何琴飞、郝海坤、黄志玲、申文辉、欧芷阳、陈琴	20121205	20131113
10	CN201210346483.1	一种红锥果实脱壳取种方法	广西壮族自治区林业科学研究院	郝海坤、申文辉、彭玉华、黄志玲	20120918	20131113
11	CN201210311252.7	一种提高降香黄檀插穗繁育品质的方法	广西壮族自治区林业科学研究院	黄志玲、郝海坤、莫雅芳、彭玉华	20120829	20131113
12	CN201210530283.1	一种榉树嫩枝扦插方法	广西壮族自治区林业科学研究院	刘海龙、张日清、陈博雯、覃子海、陈晓明、苏烜、黄宏喜	20121211	20131030
13	CN201210125784.1	苏木种子沼液处理育种催芽的方法	广西壮族自治区林业科学研究院	魏世清、彭玉华、李金怀、覃文能、甘福丁、黄凌志、曾广宇、徐铁纯、蒋湖波	20120426	20131030

序号	申请号	名　称	专利权人	发明人	申请日	授权公告日
14	CN201210345948.1	一种任豆组培继代芽瓶外扦插育苗方法	广西壮族自治区林业科学研究院	陈博雯、蔡玲、刘海龙、陈晓明、覃子海、王鹏良	20120918	20131002
15	CN201210299599.4	蚬木四季扦插育苗方法	广西壮族自治区林业科学研究院	彭玉华、黄志玲、曹艳云、申文辉、欧芷阳、郝海坤、黄小荣、何琴飞	20120822	20130925
16	CN201210227666.1	大叶栎容器育苗畦面垫施基肥的方法	广西壮族自治区林业科学研究院	曹艳云、彭玉华、申文辉、何琴飞、黄志玲、陆国导	20120703	20130925
17	CN201210073503.2	油茶苗期叶面专用肥及其制备方法	广西壮族自治区林业科学研究院	唐健、曹继钊、潘波、何应会、覃其云	20120319	20130918
18	CN201210299619.8	吊丝竹两段式快繁育苗方法	广西壮族自治区林业科学研究院	郝海坤、黄大勇、黄志玲、陆国导	20120822	20130828
19	CN201210136817.2	一种叶用型樟树专用肥	广西壮族自治区林业科学研究院	陈晓明、刘海龙、韦璐阳、覃子海、王鹏良、陈博雯、王以红、吴幼媚、蔡玲、黄宏喜、杨开太、韦颖文、覃玉凤、黄金使、谢永生	20120507	20130814
20	CN201210317273.X	越南抱茎茶嫩枝扦插的繁殖方法	广西壮族自治区林业科学研究院	韦晓娟、李开祥、梁晓静、黄志玲、陈金艳、黄开顺	20120831	20130717
21	CN201210137783.9	一种试管内沙基质培养油茶无菌芽的方法	广西壮族自治区林业科学研究院	陈博雯、蔡玲、刘海龙、陈晓明、王鹏良、覃子海	20120507	20130717
22	CN201210098756.5	优质油茶新品系的选育方法	广西壮族自治区林业科学研究院	张乃燕、陈国臣、江泽鹏、王东雪、黄开顺、叶航、韦晓娟、曾雯珺、夏莹莹	20120406	20130717
23	CN201110435388.4	一种含茶皂素的油茶多功能专用肥	广西壮族自治区林业科学研究院	曹继钊、唐健、陆顺忠、王会利、覃其云、潘波、何应会、宋贤冲	20111222	20130717
24	CN201110173032.8	闽楠轻土混合型基质育苗方法	广西壮族自治区林业科学研究院	彭玉华、曹艳云、黄开勇、郝海坤、黄志玲、陆国导	20110624	20130626
25	CN201110388522.X	一种消除油茶籽油中苯并芘的方法	广西壮族自治区林业科学研究院	黎贵卿、关继华、陆顺忠、邱米、苏骊华	20111129	20130612
26	CN201110193532.8	油茶轻基质容器扦插苗的快速繁殖方法	广西壮族自治区林业科学研究院	叶航、赵海鹄、曾雯珺、黄欣、陈林强、王东雪、梁国校、江泽鹏	20110712	20130605
27	CN201110173034.7	大叶栎容器苗的无土栽培基质及制备方法	广西壮族自治区林业科学研究院	郝海坤、曹艳云、黄开勇、申文辉、黄志玲、彭玉华	20110624	20130508

（续）

序号	申请号	名　称	专利权人	发明人	申请日	授权公告日
28	CN201110195850.8	高架沙床香樟穗圃组培苗嫩枝扦插快繁育苗的方法	广西壮族自治区林业科学研究院	黄金使、覃子海、黄宏喜、陈小明	20110713	20130508
29	CN201010519226.4	一种云南木蠹象成虫的诱捕方法	贵州省林业科学研究院	余金勇、刘正忠、吴跃开、黄吉勇	20101026	20130313
30	CN200910076701.2	一种含竹醋农药组合物及其制备方法和应用	国际竹藤网络中心	汤锋、岳永德、操海群、姚曦、唐俊	20090115	20130410
31	CN201010261779.4	一种缓释肥及其制备方法	国际竹藤网络中心	汤锋、岳永德、范少辉、张自立、王进、唐俊、范世锁	20100825	20130306
32	CN201010261787.9	一种竹用肥料组合物	国际竹藤网络中心	汤锋、岳永德、范少辉、王如意、唐俊、姚曦、喻谨	20100825	20130306
33	CN201010602542.8	毛竹紫黄质脱环氧化酶PeVDE蛋白，编码该蛋白的基因和应用	国际竹藤网络中心	高志民、郑波、李彩丽	20101214	20130522
34	CN201010135032.4	一种整竹防裂加工方法	国家林业局北京林业机械研究所	傅万四、余颖、周建波	20100326	20131127
35	CN201010261923.4	一种利用重组竹工艺制造斑马条纹木楼梯立柱材料的方法	国家林业局北京林业机械研究所	袁东、黄晓东、李晓旭、姜忠斌、虞华强	20100824	20130717
36	CN201110212438.2	锯材表面缺陷的图像采集系统及检测方法	国家林业局北京林业机械研究所	杨建华、张伟、胡伟前、尚文端、曲闻远	20110727	20130605
37	CN201010260934.0	一种采藤器	国家林业局北京林业机械研究所	袁东、姜忠斌、蔡道雄、白灵海、贾宏炎、卢立华、许基煌、刁海林	20100824	20130515
38	CN201210066806.1	一种带自动复位安全罩的灌木平茬机	国家林业局哈尔滨林业机械研究所	刘瑞林、徐克生、李时舫、周大元、辛宗生	20120314	20130814
39	CN201210471126.8	一种杜仲雄花茶饮料及其加工方法	国家林业局泡桐研究开发中心	杜红岩、李钦、杜兰英、乌云塔娜、李福海、傅建敏、刘攀峰、王璐	20121120	20130925
40	CN201210228157.0	一种杜仲雄花茶的加工方法	国家林业局泡桐研究开发中心	杜红岩、李芳东、杜兰英、孙志强、李福海、傅建敏、刘攀峰	20120704	20130814

（续）

序号	申请号	名　称	专利权人	发明人	申请日	授权公告日
41	CN201210182395.2	一种促进杜仲剥皮后再生新皮的方法	国家林业局泡桐研究开发中心	杜红岩、孙志强、杜兰英、傅建敏、朱高浦、刘攀峰、张悦、朱景乐、刘梦培、李福海、周道顺	20120605	20130814
42	CN201010591067.9	变色木材脱色罐	国家林业局泡桐研究开发中心	常德龙、黄琳、黄文豪、胡伟华、李福海	20101216	20130717
43	CN201210029937.2	一种培育功能型杜仲木耳的生产方法	国家林业局泡桐研究开发中心	杜红岩、李芳东、黄文豪、梁臣、杜兰英、李钦、傅建敏、李福海、周道顺、许殿锋	20120210	20130612
44	CN201210118510.X	利用药用植物剩余物培育银杏木耳的生产方法	国家林业局泡桐研究开发中心	黄文豪、董儒贞、梁臣、李钦、刘洁、常德龙、张云岭、文瑞均、李福海、张铭望、黄琳、乔保水	20120423	20130522
45	CN201210029939.1	一种利用药用植物剩余物生产的功能型饲料及其制备方法	国家林业局泡桐研究开发中心	杜红岩、李芳东、李福海、张云岭、杜兰英、李钦、孙志强、朱高浦、傅建敏、张悦、刘攀峰、刘梦培	20120210	20130403
46	CN201210029936.8	一种杜仲良种嫁接苗的快速繁育方法	国家林业局泡桐研究开发中心	杜红岩、李芳东、孙志强、杜兰英、朱高浦、傅建敏、李福海、周道顺、朱景乐、刘攀峰、张悦	20120210	20130327
47	CN201110031473.4	一种白花泡桐优树嫩枝扦插幼化的方法	国家林业局泡桐研究开发中心	乔杰、邓建军、傅建敏、张悦、王炜炜、朱景乐、孙志强、夏莘	20110129	20130116
48	CN201110242629.3	一种抑制采后伤呼吸的竹笋保鲜方法	国家林业局竹子研究开发中心	白瑞华、王树东、李伟成	20110823	20130814
49	CN201010561197.8	一种油松种子丸粒化包衣粉剂	河北省林业科学研究院	张金香、武亚敬、林艳、钱金娥、史靖	20101126	20131225
50	CN201110064868.4	一种冬枣的保鲜方法	河北省林业科学研究院	李梦钗、温秀军、王玉忠	20110317	20130403
51	CN201010215808.3	一种红王子锦带花药诱导花粉植株培养基	黑龙江省林业科学研究所	李晶、王承义、王丹、孙海滨、舒钰、刘强、孙一萌、刘维斌、王晓荣、王颖	20100702	20130306
52	CN201110314409.7	改培型生物防火林带阻隔系统的构建方法	黑龙江省森林工程与环境研究所	刘广菊、刘滨凡、刘延坤、梁素钰、吴占杰、王志成、贾丹、丛燕、孟庆峰、王文帆、邵英男、刘玉龙、张鑫炎	20111017	20130904
53	CN201110217130.7	一种改善竹青竹黄胶合性能的方法及装置	湖南省林业科学院	彭亮	20110730	20130807

（续）

序号	申请号	名　称	专利权人	发明人	申请日	授权公告日
54	CN201210200050.5	一种油茶无性系组培外植体脱毒方法	湖南省林业科学院	陈永忠、王瑞、陈隆升、王湘南、彭邵锋、罗健、马力、杨小胡、唐炜、王金路、王磊	20120618	20130612
55	CN201210212222.0	竹蔸破碎机	湖南省林业科学院、杨迪军	丁定安、杨迪军、孙晓东、彭亮	20120626	20131113
56	CN201110378884.0	一种松脂采集方法和该方法使用的促脂剂及该促脂剂的制取方法	吉安市林业科学研究所、江西金安林产实业有限公司	郭志文、曾广健、彭招兰、郑小春、胡加林、万根梅、刘大椿、蒋志茵、钟阿勇、李梅芳	20111121	20130807
57	CN201010163290.3	对苯二甲酸二辛酯复合增塑剂的生产方法	江苏强林生物能源有限公司、中国林业科学研究院林产化学工业研究所	聂小安、蒋剑春、周永红、李科、许彬、徐俊明、陈玉湘	20100505	20131218
58	CN201110058700.2	浆态法制备苯酸酯类增塑剂的方法	江苏强林生物能源有限公司、中国林业科学研究院林产化学工业研究所	蒋剑春、周永红、李科、冯国东、聂小安、陈洁、许彬、陈玉湘	20110311	20130807
59	CN200910029495.X	甘油三酯催化裂解制备液体燃料油的方法	江苏强林生物能源有限公司、中国林业科学研究院林产化学工业研究所	蒋剑春、徐俊明、陈洁、孙云娟、聂小安、周永红	20090410	20130508
60	CN201210121927.1	一种二十年生木荷大树高效离体繁殖方法	江苏省林业科学研究院	蒋泽平、周志春、董筱昀、黄利斌	20120425	20131218
61	CN201210134606.5	毛梾种子催芽与快速育苗方法	江苏省林业科学研究院	李冬林、金雅琴	20120503	20130605
62	CN201010281153.X	油茶专用生物有机肥及其生产方法	江西省林业科学院	符树根、徐林初、徐美康、龚春、雷小林、左继林、王玉娟	20100914	20131002
63	CN201010118790.5	一种油茶自然林良种化改造成套方法	李子辉、常德市林业科学研究所	李子辉、姚文华、李广、黄慧珍、黄新望、罗忠	20100226	20131113
64	CN201110302226.3	黄甜竹长距离引种造林方法	丽水市林业科学研究院	何林、宋艳冬、潘心禾	20110922	20130710
65	CN201110278834.5	一种利用油茶蒲栽培黑木耳方法	丽水市林业科学研究院	吕明亮、应国华、薛振文、李伶俐	20110920	20130501
66	CN201110343623.5	一种克服杨树远缘杂交障碍的方法	辽宁省杨树研究所	王胜东、彭儒胜、纪纯阳、赵鑫闻、杨志岩、刘毅、赵继梅、矫丽曼、冯连荣、苘胜军、刘巍、张兴芬、尹杰	20111103	20130619

（续）

序号	申请号	名　称	专利权人	发明人	申请日	授权公告日
67	CN201210474799.9	一种人工大规模饲养花绒寄甲的方法	南京林业大学、湖南省林业科学院、湖南省兴林有害生物防治有限公司	颜学武、嵇保中、周刚、何振、喻锦秀、卢敏	20121121	20131016
68	CN201210143401.3	鱼鳞坑开沟装置	内蒙古自治区林业科学研究院	梁建平、郭中、刘新前、王志强、刘宇、杨浩生、崔清涛	20120510	20131211
69	CN201110322197.7	一种葡萄体细胞胚发生的方法	宁夏回族自治区林业研究所股份有限公司	徐美隆、柳金凤、李健、秦彬彬、陈春伶	20111021	20130327
70	CN201210028321.3	激素水凝胶生根膜	濮阳市林业科学院	杨合廷、王淑利、李洁茹、魏红、任冬焕、张渍珍、李应华、杨玉巧、李传省、唐丽英、苏衍修、王少敏、杨利花、王晓军、黄秋萍、谢守江、吉洪坤、屈朝彬、杨旭琦、张杜娟、崔迷俭、李舒梅	20120209	20131120
71	CN201110325229.9	超薄轻载保温型日光温室后坡的建造方法	濮阳市林业科学院	乔趁峰、常聚普、张志轩、冯钢、赵俊芳、吉洪坤、左建华、李洁茹、任冬焕、汪妮、耿洪亮、武宏图、陈俊华、陈社民、杨玉巧、侯珂芬、张国育、孙利娟、苏少堂、杨春梅、王东方、吴志民、王成义、胡一平、崔迷俭	20111024	20130918
72	CN201010277995.8	思茅松嫩枝高效扦插扩繁育苗方法	普洱市林业科学研究所	唐红燕、童清、李宏斌、刘庆云、戴林利、何棠、万如雯、付强、何俊、张荃、李春苑、张树华、郭小玮、段海龙	20100910	20130911
73	CN201210363438.7	番木瓜组织培养培养基	钦州市林业科学研究所	时群、李清香、黄永钦、陈丽文、何克钦、劳赞新、赖崇健、陈艳、黄彦妮、李芳菲、梁乃光	20120926	20130828
74	CN201210363349.2	红掌以芽繁芽组织培养培养基	钦州市林业科学研究所	何贵整、陈丽文、时群、吴红英、陈乃明、张树明、王华宇、赖崇健、杨利平、荣薏、巫明忠	20120926	20130814
75	CN201210364900.5	两面针组织培养培养基	钦州市林业科学研究所	时群、陈丽文、吴红英、陈乃明、何贵整、邓月梅、梁小娟、谭冬晓、蔡林、梁刚、谢云	20120926	20130724
76	CN201210363419.4	桉树组织培养培养基	钦州市林业科学研究所	何贵整、陈乃明、吴红英、时群、赖崇健、张桂兰、陶建华、吕月保、邓月梅、陈丽文、梁刚	20120926	20130529

（续）

序号	申请号	名 称	专利权人	发明人	申请日	授权公告日
77	CN201210272321.8	甜樱桃矮化砧嫩枝扦插无纺布容器育苗方法及基质组合物	山东省林业科学研究院	马丙尧、吴德军、马海林、刘方春、杜振宇、刘元铅、郝广洲、李自成、徐振远	20120731	20131106
78	CN201210006281.2	一种快速鉴定耐盐绒毛白蜡的分子检测方法	山东省林业科学研究院	夏阳、燕丽萍、李双云、刘翠兰、束靖	20120110	20130515
79	CN201110235782.3	一种利用磷酸二氢铵提取天然除虫菊素的方法	山东省林业科学研究院	牛赡光、王清海、刘幸红、段春华、张淑静	20110817	20130508
80	CN201110004733.9	林木无纺布容器育苗生物型基质	山东省林业科学研究院	马海林、刘方春、马丙尧、王清华	20110111	20130417
81	CN201110004971.X	林木无纺布容器育苗轻型基质	山东省林业科学研究院	刘方春、马海林、马丙尧、王清华	20110111	20130417
82	CN201210006441.3	耐盐碱绒毛白蜡 SCAR 标记及其在辅助选择育种中的应用	山东省林业科学研究院	燕丽萍、夏阳、刘翠兰、李双云、李丽	20120110	20130306
83	CN201310016531.5	一株核桃根际促生乙酸钙不动杆菌及其应用	山东省林业科学研究院、山东农业大学	马海林、邢尚军、刘方春、杜振宇、马丙尧、杜秉海、丁延芹、姚良同、陈波	20130117	20131204
84	CN201310016604.0	一株蓝莓根际促生纺锤芽孢杆菌及其应用	山东省林业科学研究院、山东农业大学	刘方春、邢尚军、孙蕾、马海林、马丙尧、杜振宇、杜秉海、丁延芹、姚良同、陈波	20130117	20131127
85	CN201110376966.1	一株冬枣根际促生枯草芽孢杆菌及其应用	山东省林业科学研究院、山东农业大学	刘方春、杜秉海、邢尚军、杜振宇、姚良同、丁延芹、马丙尧、马海林、陈波	20111123	20130320
86	CN201210501532.4	冬枣专用微生物菌剂、生物有机肥及其制备方法	山东省林业科学研究院、山东农业大学、德州创迪微生物资源有限责任公司	马海林、邢尚军、刘方春、丁延芹、杜秉海、刘有东、马丙尧、陈波	20121130	20131211
87	CN201210336745.6	黑松、赤松单针叶束嫁接方法	山东省林业科学研究院、烟台市林业科学研究所	祁树安、王开芳、吴德军、唐明亮、李保进、胡丁猛、臧真荣、任飞、王翠香	20120913	20131225
88	CN201010550233.0	榆木蠹蛾性诱剂	山西农业大学、北京林业大学、宁夏回族自治区森林病虫防治检疫总站	张金桐、杨美红、宗世祥、骆有庆、曹川健、刘红霞	20101115	20130731
89	CN201110269525.1	林地植被退化等级评价方法	山西省林业科学研究院	李新平、赵娟、武秀娟、常建国、梁爱军	20110913	20130710
90	CN201210069616.5	厚叶岩白菜离体培养和快速繁殖的方法	上海市园林科学研究所	吕秀立、王健、沈烈英、崔心红、张春英、孙伟墨	20120316	20130918

（续）

序号	申请号	名　称	专利权人	发明人	申请日	授权公告日
91	CN201210210895.2	一种杜鹃花无菌苗快速菌根化的方法	上海市园林科学研究所	张春英、黄芳、尹丽娟、陈真、杨兵	20120625	20130821
92	CN201210209567.0	一种与杜鹃幼苗高效共生的菌根真菌菌株	上海市园林科学研究所	张春英、黄芳、尹丽娟、陈真、杨兵	20120625	20130605
93	CN201210115528.4	生物组织培养繁育考来木的方法	上海市园林科学研究所；上海城投绿化科技发展有限公司	吕秀立、施季森、沈烈英、钱又宇、崔心红、李永胜	20120419	20130515
94	CN201010524070.9	麻疯树促萌复合液	四川省林业科学研究院	王乐辉	20101028	20130501
95	CN201210408721.7	蕙兰杂交育种的方法	泰安市泰山林业科学研究院	王长宪、李承秀、王厚新、王峰、孙忠奎、孙芳、王郑昊、张林、杜辉、王传光	20121024	20131120
96	CN201110258854.6	一种抗植物病毒的植物源制剂	泰安市泰山林业科学研究院	庞献伟、李冬梅、周光锋	20110905	20130612
97	CN201010504417.3	一种苦杏酒的酿造方法	泰安市泰山林业科学研究院	冯殿齐、单兵、王玉山、赵进红	20100929	20130515
98	CN201210018779.0	含有蒙脱土和多糖的高吸水性树脂的室温合成方法	天津大学；晋城市园林科研所	邱海霞、邱朝霞	20120120	20130918
99	CN201110360205.7	一种防治马牙枣裂果的方法	天津市林业果树研究所	范会鲜、杨丽芳、王芝学、王金水	20111115	20131106
100	CN201110458274.1	白鹃梅的组织培养方法	武汉市林业果树科学研究所	战小梅、陈法志、董艳芳、郭彩霞、童俊、舒常庆、周媛、许林、童正富、徐冬云	20111231	20130417
101	CN201210268047.7	一种红松树皮天然染料的制备方法及用途	新疆林业科学院经济林研究所	古丽江·许库尔汗、迟那尔·哈盘、阿依恒·曲库尔汗	20120731	20131127
102	CN201210267596.2	杨树工业原料林伐桩留芽造林方法	新疆林业科学院造林治沙研究所	李丕军、李宏、雷双喜、殷传杰、刘华	20120730	20131218
103	CN201210081127.1	管花肉苁蓉种子浆沾根接种方法	新疆林业科学院造林治沙研究所	陈启民、刘康、朱玉伟、武卫疆、褚奋飞、桑巴叶、王永红	20120326	20130731
104	CN201110333999.8	天山花楸引入平原区种植的方法	新疆林业科学院	张东亚、汪智军、靳开颜	20111028	20130807
105	CN201210128016.1	挖坑法根系快速生长造林方法	新疆林业科学院	李宏	20120427	20130731
106	CN201210128017.6	钻穴法根系快速生长造林方法	新疆林业科学院	李宏	20120427	20130731
107	CN201110337064.7	一种酿造冰葡萄酒的优良葡萄的选育方法	新疆林业科学院	张东亚、汪智军	20111031	20130612

（续）

序号	申请号	名 称	专利权人	发明人	申请日	授权公告日
108	CN201110204407.2	铁皮石斛的杂交育种方法	玉林市林业科学研究所	梁钧淞、王桂成、陈剑成、吴俊、黄光兰、覃耀锐、黄丽丹、李建凡	20110721	20130626
109	CN201010288551.4	诱捕褐梗天牛成虫的引诱剂	云南省林业科学院	泽桑梓、闫争亮、赵涛、张星耀、季梅	20100921	20130327
110	CN201010288541.0	诱捕短角幽天牛成虫引诱剂	云南省林业科学院	泽桑梓、赵涛、闫争亮、张星耀、马惠芬、季梅	20100921	20130313
111	CN201210304677.5	一种酸枣根颈处嫁接繁育良种枣的方法	张掖市林业科学研究院	马力、冯军仁、蔡建英、占玉芳、陆瑛、张永霞	20120824	20131204
112	CN201210304633.2	干旱区紫叶矮樱嫁接繁育方法	张掖市林业科学研究院	马力、占玉芳、段玉忠、苗银、赵典普、张永霞	20120824	20130703
113	CN201210471781.3	一种富含活性多肽的抗衰祛皱化妆水及其制备方法	浙江省林业科学研究院	贺亮、程俊文、王衍彬、李海波、付立忠、魏海龙、胡传久	20121119	20131211
114	CN201210007679.8	一种马银花扦插繁殖的方法	浙江省林业科学研究院	杨华、宋绪忠、柳新红、杜国坚、陈卓梅、宋衍成	20120112	20131106
115	CN201110111045.2	一种超声逆流提取聚戊烯醇的方法	浙江省林业科学研究院	王衍彬、钱华、于金慧、刘本同	20110429	20131002
116	CN201210047140.5	一种采用竹材液化产物树脂制备发泡材料的方法	浙江省林业科学研究院	刘乐群、孙丰文、刘杨、王宇红	20120228	20130925
117	CN201210038160.6	一种香榧软胶囊的生产方法	浙江省林业科学研究院	王衍彬、钱华、刘本同、童晓青	20120220	20130828
118	CN201110367056.7	木质有机地表覆盖物的使用方法	浙江省林业科学研究院	宋绪忠、王成、杨华、郄光发、高智慧、黄利斌、宋衍成、姚刚、叶华琳	20111118	20130821
119	CN201110170858.9	一种仿实木彩色竹地板生产方法	浙江省林业科学研究院	李琴、胡波、袁少飞、张建、汪奎宏	20110622	20130821
120	CN201210038158.9	一种营养竹盐的制备工艺	浙江省林业科学研究院	钱华、王衍彬、刘本同、童晓青	20120220	20130731
121	CN201110193316.3	一种内外成型的木竹质空心板及其制造方法	浙江省林业科学研究院	刘乐群	20110710	20130731
122	CN201010225520.4	一种内循环气升式细胞培养装置	浙江省林业科学研究院	潘炘	20100712	20130703
123	CN201110043829.6	直纹仿真胶合板材及其制备方法	浙江省林业科学研究院	张建、李琴、汪奎宏、袁少飞、王波	20110222	20130605

（续）

序号	申请号	名　称	专利权人	发明人	申请日	授权公告日
124	CN201110193317.8	非平面型人造板形位偏差测试仪及其测试方法	浙江省林业科学研究院	刘乐群	20110710	20130213
125	CN201110350249.1	一种山茶油冷榨及物理精炼工艺	浙江省林业科学研究院	王衍彬、钱华、刘本同、童晓青	20111108	20130116
126	CN201110451131.8	一种竹 / 木焦油—糠醛热固性树脂及其制备方法	浙江省林业科学研究院、浙江工业大学	陈顺伟、贠军贤、沈绍传、庄晓伟、高云玲、姚克俭	20111229	20130717
127	CN201010504173.9	*CkGST* 基因的用途	中国科学院遗传与发育生物学研究所、中国林业科学研究院林业研究所	胡赞民、李之国、苏晓华、尹维波、陈宇红、宋丽英	20100930	20130904
128	CN201010243351.7	小径木重组结构材及其制造技术	中国林业科学研究院	李柏忠、于文吉、余养伦	20100803	20131113
129	CN201210151601.3	7- 羰基 -8，15- 异海松酸的制备方法	中国林业科学研究院林产化学工业研究所	赵振东、张磊、卢言菊、陈玉湘、毕良武、王婧、李冬梅、古研	20120515	20131225
130	CN201210168690.2	一种催化氧化深度处理高浓化学机械浆废水的方法	中国林业科学研究院林产化学工业研究所	房桂干、施英乔、盘爱享、丁来保、邓拥军、沈葵忠、李萍、焦健、韩善明、梁芳敏、庄国俊	20120525	20131225
131	CN201110314750.2	一种木质素改性酚醛泡沫及其制备方法	中国林业科学研究院林产化学工业研究所	周永红、胡立红、刘瑞杰	20111018	20131225
132	CN201110458149.0	生物基聚碳酸酯及其制备方法	中国林业科学研究院林产化学工业研究所	蒋剑春、王奎、陈洁、李静、应浩	20111231	20131211
133	CN201210011661.5	一种常温固化热固性环氧沥青材料及其制备方法	中国林业科学研究院林产化学工业研究所	夏建陵、黄坤、万厉、张燕、李梅、杨小华	20120116	20131211
134	CN201210141742.7	一种桐酸接枝改性木质纤维的制造方法	中国林业科学研究院林产化学工业研究所	孔振武、陈健、吴国民、霍淑平	20120509	20131127
135	CN201110407702.8	无联接链的羧酸盐 Gemini 表面活性剂及其合成方法	中国林业科学研究院林产化学工业研究所	宋湛谦、宋冰蕾、商士斌、饶小平	20111209	20131127
136	CN201110150520.7	一种木质素改性方法	中国林业科学研究院林产化学工业研究所	周永红、胡立红、潘晖、张猛	20110607	20131127

（续）

序号	申请号	名　称	专利权人	发明人	申请日	授权公告日
137	CN201110129679.0	利用氧化剂氧化木质素制备乙酰丁香酮和香草乙酮的方法	中国林业科学研究院林产化学工业研究所	周永红、杨晓慧、刘红军、张猛	20110518	20131106
138	CN201210027942.X	连续化制备聚酯多元醇的方法及所用装置	中国林业科学研究院林产化学工业研究所	蒋剑春、李科、许彬、陈洁、徐俊明、陈水根	20120209	20131009
139	CN201110246094.7	松针提取物在制备促进排汞作用的药品或保健品中的应用	中国林业科学研究院林产化学工业研究所	郑光耀、薄采颖、庄涛、周维纯	20110825	20130925
140	CN201010551456.9	一种6，8，11，13-枞四烯酸的制备方法	中国林业科学研究院林产化学工业研究所	周永红、杨晓慧、刘红军、刘承果	20101118	20130925
141	CN201110456557.2	一种脂肪酸甲酯环氧化用复合催化剂	中国林业科学研究院林产化学工业研究所	蒋剑春、陈洁、聂小安、徐俊明、陈水根、李科、常侠、许彬	20111231	20130828
142	CN201110002100.4	气液双相反应器及其在固体酸催化脂肪酸甲酯中的应用	中国林业科学研究院林产化学工业研究所	李科、蒋剑春、李翔宇、聂小安、陈洁	20110107	20130828
143	CN201110076094.7	一种油脂结构重组制备聚酯多元醇的方法	中国林业科学研究院林产化学工业研究所	蒋剑春、徐俊明、李静	20110329	20130814
144	CN201010278686.2	一种小桐子油脂多不饱和脂肪酸单离的方法	中国林业科学研究院林产化学工业研究所	蒋剑春、吕微、徐俊明	20100910	20130814
145	CN201110283601.4	丙烯酸酯改性马来海松酸水性聚氨酯乳液及其制备方法	中国林业科学研究院林产化学工业研究所	商士斌、宋湛谦、徐徐、宋杰、崔淑芹、王丹、王宏晓	20110922	20130619
146	CN201110148939.9	微孔型活性炭及化学药剂孔径调控的制备方法	中国林业科学研究院林产化学工业研究所	孙康、蒋剑春、刘雪梅、邓先伦、崔丹丹、戴伟娣、卢辛成	20110603	20130619
147	CN201110127318.2	一种利用生物质两步水解制取糠醛的方法	中国林业科学研究院林产化学工业研究所	殷艳飞、房桂干、邓拥军、韩善明、焦健、刘姗姗、刘春	20110517	20130619
148	CN201110162565.6	一种木质纤维素增容共混降解高分子材料及其制备方法	中国林业科学研究院林产化学工业研究所	金立维、储富祥、王春鹏、张明明	20110617	20130619
149	CN201010535763.8	一种自乳化松香基表面活性剂乳液及制备方法	中国林业科学研究院林产化学工业研究所	饶小平、宋湛谦、商士斌	20101108	20130619
150	CN201010228723.9	一种丙烯海松酰胺衍生物及其制备方法和应用	中国林业科学研究院林产化学工业研究所	商士斌、李健、饶小平、高艳清、宋湛谦	20100715	20130619

（续）

序号	申请号	名　称	专利权人	发明人	申请日	授权公告日
151	CN201210046120.6	一种连续序批式好氧后续处理段进水的流量控制装置及流量缓冲方法	中国林业科学研究院林产化学工业研究所	盘爱享、房桂干、邓拥军、丁来保、施英乔、韩善明、焦健、李红斌、梁芳敏、沈葵忠、李萍	20120228	20130605
152	CN201110209487.0	一种纯仙人掌粉及其制备方法	中国林业科学研究院林产化学工业研究所	黄立新、张彩虹、谢普军	20110726	20130605
153	CN201110002171.4	利用桐油改性双环戊二烯型不饱和聚酯及其制备方法和应用	中国林业科学研究院林产化学工业研究所	周永红、刘承果、刘红军、杨晓慧、崔竞方	20110107	20130605
154	CN201010229218.6	一种中压柱快速分离油茶饼粕中黄酮苷的制备方法	中国林业科学研究院林产化学工业研究所	王成章、陈虹霞、叶建中、周昊、原姣姣	20100719	20130605
155	CN201010173707.4	半干性油或干性油全质利用制备增塑剂及润滑剂的方法	中国林业科学研究院林产化学工业研究所	夏建陵、万历、聂小安、黄坤、李梅、杨小华、张燕	20100514	20130605
156	CN201110073758.4	菖烷的制备方法	中国林业科学研究院林产化学工业研究所	赵振东、何丽芝、毕良武、王婧、李冬梅、陈玉湘	20110325	20130508
157	CN201010536621.3	一种油脂 / 松香基聚酰胺水性环氧固化剂的制备方法	中国林业科学研究院林产化学工业研究所	夏建陵、杨小华、黄坤、李梅、连建伟	20101108	20130508
158	CN201010259314.5	松香基螯合双子表面活性剂及制备方法	中国林业科学研究院林产化学工业研究所	饶小平、宋湛谦、商士斌、高宏	20100820	20130508
159	CN201010102206.7	塔拉单宁锗提取剂的制备与方法	中国林业科学研究院林产化学工业研究所	孙先玉、孙博、张宗和、秦清、王重阳、王少龙	20100128	20130424
160	CN201110127424.0	油脂连续化酯交换制备生物柴油的方法及所用混合共溶剂	中国林业科学研究院林产化学工业研究所	陈洁、蒋剑春、聂小安、常侠、李科	20110517	20130403
161	CN201010543360.8	一种 7- 羟基去氢枞酸的制备方法	中国林业科学研究院林产化学工业研究所	周永红、杨晓慧、刘红军	20101115	20130403
162	CN201110174573.2	一种从油茶饼粕减压沸腾提取高纯度茶皂素的方法	中国林业科学研究院林产化学工业研究所	王成章、周昊	20110627	20130313
163	CN201110000781.0	一种用油菜籽浸渣（粕）提取制备酚酸的方法	中国林业科学研究院林产化学工业研究所	孙先玉、黄嘉玲、孙博、张宗和、李冬玲	20110105	20130313

（续）

序号	申请号	名　称	专利权人	发明人	申请日	授权公告日
164	CN201010221886.4	中压柱快速分离聚戊烯醇及其抗 H3N2 病毒注射剂的制备方法	中国林业科学研究院林产化学工业研究所	王成章、杨兰、叶建中、陈虹霞	20100709	20130313
165	CN201110270117.8	氧化石墨烯 / 不饱和聚酯复合材料及其制备方法	中国林业科学研究院林产化学工业研究所	周永红、刘承果、崔竞方、杨晓慧、刘红军	20110914	20130227
166	CN201110162564.1	一种温敏性高分子微胶囊及其制备方法和应用	中国林业科学研究院林产化学工业研究所	陈莹、南静娅、储富祥、王春鹏	20110617	20130227
167	CN201110008341.X	一种由木本油脂制备高品位蔗糖脂肪酸酯的方法	中国林业科学研究院林产化学工业研究所	蒋剑春、王奎、吕薇、徐俊明、应浩	20110114	20130227
168	CN200810022481.0	生物柴油用抗氧化剂预制液的超声波辅助制备及使用方法	中国林业科学研究院林产化学工业研究所	毕良武、薄采颖、赵振东、李冬梅、古研、王婧	20080715	20130227
169	CN201110000754.3	一种鳞毛蕨、无患子天然生物质洗涤剂的制备及其方法	中国林业科学研究院林产化学工业研究所	孙先玉、孙博、李冬玲、黄海涛、张秀珍	20110105	20130123
170	CN201110000724.2	一种食用菌基天然生物质洗涤剂的制备及其方法	中国林业科学研究院林产化学工业研究所	孙先玉、孙博、李冬玲、李石	20110105	20130123
171	CN201110000741.6	一种林木淀粉基天然生物质洗涤剂的制备及其方法	中国林业科学研究院林产化学工业研究所	孙先玉、孙博、李冬玲、高金福	20110105	20130123
172	CN201110045858.6	一种温敏性核壳丙烯酸酯功能型微球及其制备方法	中国林业科学研究院林产化学工业研究所	王春鹏、储富祥、陈鹏鹏、程增会	20110225	20130102
173	CN201110027694.4	E_0 级室外型胶合板用苯酚—尿素—甲醛树脂胶的制备方法	中国林业科学研究院林产化学工业研究所	赵临五、储富祥、王春鹏、张伟、石建军、俞阳	20110125	20130102
174	CN201010511676.9	一种含糖基的表面活性剂及其制备、测量方法	中国林业科学研究院林产化学工业研究所	宋湛谦、宋冰蕾、商士斌、饶小平、李健	20101019	20130102
175	CN201010259771.4	提高可见光响应的掺杂型 M-TiO2/AC 光催化剂的效率的方法	中国林业科学研究院林产化学工业研究所	孙康、蒋剑春、卢辛城、崔丹丹、戴伟娣	20100820	20130102
176	CN201010235064.1	一种各向同性导电胶及其制备方法	中国林业科学研究院林产化学工业研究所	聂小安、林贵福、蒋剑春、夏建陵、李科、陈洁	20100723	20130102

（续）

序号	申请号	名　称	专利权人	发明人	申请日	授权公告日
177	CN201010182395.3	一种非精馏技术的精制甘油生产方法及装置	中国林业科学研究院林产化学工业研究所、江苏强林生物能源有限公司	蒋剑春、张天健、陈水根、聂小安、许彬、陈玉湘、许玉、戴伟娣、高一苇	20100525	20131127
178	CN201110240755.5	一种制备阻燃型松香基聚酯多元醇的方法及产物应用	中国林业科学研究院林产化学工业研究所、江苏强林生物能源有限公司	张猛、周永红、谢友利、胡立红	20110822	20130807
179	CN200910232954.4	内热式连续制备生物质热解气化煤气的方法及用的回转炉	中国林业科学研究院林产化学工业研究所、江苏强林生物质能源有限公司	蒋剑春、刘石彩、应浩、戴伟娣、张天健、许玉	20091019	20130102
180	CN201010614935.0	提高折流厌氧反应器效率的方法及脉动式折流厌氧反应器	中国林业科学研究院林产化学工业研究所、南京林业大学	施英乔、符芳蓉、胡筠、卢雯、杨光、房桂干、丁来保、盘爱享、邓拥军、沈葵忠、李萍	20101230	20130102
181	CN201210089991.6	络合沉锗剂及其在含锗矿液中富集锗的应用	中国林业科学研究院林产化学工业研究所、南京龙源天然多酚合成厂	秦清、徐浩、张宗和、黄嘉玲、仲崇茂	20120330	20131113
182	CN201010112096.2	酶解白果蛋白制备多肽类活性物质的方法	中国林业科学研究院林产化学工业研究所、邳州鑫源生物制品有限公司	王成章、陈西娟、叶建中、陈虹霞、马维新、周彬、程耀波	20100212	20130619
183	CN201110190799.1	一种模块化结构的连续压机	中国林业科学研究院林业新技术研究所	周玉成、张国梁、安源、侯晓鹏、张星梅、徐佳鹤、王艳伟、刘鑫钰、苗虎、闫承琳、潘彬	20110708	20131127
184	CN201110190798.7	一种用于加工板材的辊盘式连续压机	中国林业科学研究院林业新技术研究所	周玉成、张国梁、安源、侯晓鹏、张星梅、徐佳鹤、王艳伟、刘鑫钰、苗虎、闫承琳、潘彬	20110708	20131106
185	CN201110190800.0	一种辊盘式连续压机	中国林业科学研究院林业新技术研究所	周玉成、张国梁、安源、侯晓鹏、张星梅、徐佳鹤、王艳伟、刘鑫钰、苗虎、闫承琳、潘彬	20110708	20131106
186	CN201210274334.9	川西云杉体细胞胚胎发生与植株再生方法	中国林业科学研究院林业研究所	王军辉	20120802	20131016
187	CN201110040870.8	人工林首次间伐年龄的确定方法	中国林业科学研究院林业研究所	惠刚盈、张连金	20110218	20130102

（续）

序号	申请号	名　称	专利权人	发明人	申请日	授权公告日
188	CN201110007670.2	一种木质素改性物及其制备方法和应用	中国林业科学研究院木材工业研究所	秦特夫、储富祥、韩雁明、李改云、李燕	20110114	20131204
189	CN201110244086.9	一种用于木材锯切加工的环保型防粘冷却液及其制备方法	中国林业科学研究院木材工业研究所	张占宽、彭晓瑞、徐建峰、李伟光	20110824	20131204
190	CN201010514622.8	一种确定材料边缘的方法和系统	中国林业科学研究院木材工业研究所	潘斌、尹大勇、李小群、石芷萍、程放	20101021	20131106
191	CN201110029479.8	一种生物质胶粘剂的制备方法及其生物质胶粘剂和胶合木板	中国林业科学研究院木材工业研究所	储富祥、范东斌、秦特夫、王春鹏	20110127	20131016
192	CN201110007841.1	一种阻燃剂及其制备方法和应用	中国林业科学研究院木材工业研究所	储富祥、秦特夫、韩雁明、黄洛华、李燕	20110114	20131016
193	CN201110007797.4	一种生物质基聚氨酯泡沫及其制备方法	中国林业科学研究院木材工业研究所	韩雁明、储富祥、秦特夫、邹献武、李燕、刘姝君	20110114	20130904
194	CN201110007696.7	一种阻燃聚氨酯泡沫及其制备方法	中国林业科学研究院木材工业研究所	韩雁明、储富祥、秦特夫、范东斌、李燕、刘姝君	20110114	20130731
195	CN201110007800.2	一种生物质基阻燃聚氨酯泡沫及其制备方法	中国林业科学研究院木材工业研究所	韩雁明、储富祥、秦特夫、李燕、刘姝君	20110114	20130731
196	CN201110070204.9	增加木材细胞壁强度的处理方法	中国林业科学研究院木材工业研究所	林兰英、傅峰、陈志林、彭立民、卢克阳、梁善庆、张彦娟、何盛	20110323	20130703
197	CN200910077385.0	一种无醛重组材及其制造方法	中国林业科学研究院木材工业研究所	余养伦、于文吉、祝荣先、周月、任丁华	20090219	20130703
198	CN201010505688.0	一种植被恢复用植物纤维基复合植生带卷材及其制造方法	中国林业科学研究院木材工业研究所	郭文静、王正、常亮、范留芬、高黎、任一萍	20101013	20130605
199	CN201010517048.1	一种蓝变木材的处理方法	中国林业科学研究院木材工业研究所	黄荣凤、吕建雄、周永东、赵有科	20101015	20130605
200	CN200810240989.8	一种用超厚单板制造的实木复合板材及其制造方法	中国林业科学研究院木材工业研究所	于文吉、余养伦、周月、任丁华、祝荣先	20081224	20130529
201	CN200910078222.4	一种大片竹束帘人造板及其制造方法	中国林业科学研究院木材工业研究所	于文吉、余养伦、任丁华、周月、祝荣先	20090220	20130424

（续）

序号	申请号	名　称	专利权人	发明人	申请日	授权公告日
202	CN201010258168.4	利用天然木材竹材加工废气物制备天然防护剂的方法	中国林业科学研究院木材工业研究所、国际竹藤网络中心	吕斌、杨忠、覃道春、罗朝晖	20100819	20131106
203	CN201210579050.0	一种柚木无性系轻基质穴盘快速育苗的方法	中国林业科学研究院热带林业研究所	黄桂华、梁坤南、周再知、马华明	20121227	20131204
204	CN201210238171.9	正红菇菌根型食用菌的分离培养保存方法	中国林业科学研究院热带林业研究所	陈羽、仲崇禄、姜清彬、张勇、陈珍	20120710	20130619
205	CN201210004925.4	鉴别蛇皮果性别的 DNA 片段、引物和方法	中国林业科学研究院热带林业研究所	尹天光、李荣生、李发根、杨锦昌、邹文涛、李建光	20120106	20130619
206	CN201010239919.8	一种基于荧光 dUTP 的自动检测 SSR 分子标记的方法	中国林业科学研究院热带林业研究所	甘四明、李发根、翁启杰、李梅、周长品、于晓丽	20100728	20130102
207	CN201210279109.4	一种用于矫正树干木质部液流测定的装置	中国林业科学研究院森林生态环境与保护研究所	熊伟、王彦辉、王云霓、孙浩、曹恭祥、于澎涛、徐丽宏、左海军	20120807	20131113
208	CN201110282637.0	松材线虫的冷冻保存及解冻方法	中国林业科学研究院森林生态环境与保护研究所	汪来发、朴春根、王曦茁、朱天辉、李永、李沁、郭民伟、林彩丽、田国忠	20110922	20130828
209	CN200910089816.5	一种松阿扁叶蜂引诱剂	中国林业科学研究院森林生态环境与保护研究所	张真、刘小联、孔祥波、李跃、牛敬生、杨竟亮、王宏斌、金幼菊	20090724	20130703
210	CN200810113232.2	人工繁殖粒肩天牛花绒寄甲及防治锈色粒肩天牛方法	中国林业科学研究院森林生态环境与保护研究所	杨忠岐、王小艺、申卫星	20080528	20130605
211	CN200810114181.5	人工繁殖花斑花绒寄甲及应用于防治松褐天牛的方法	中国林业科学研究院森林生态环境与保护研究所	杨忠岐、张翌楠	20080530	20130501
212	CN200910087667.9	一种粗刻点木蠹象引诱剂	中国林业科学研究院森林生态环境与保护研究所、云南省林业科学院	张真、阎争亮、王斌、泽桑梓、孔祥波、王鸿斌、张培毅	20090625	20130703
213	CN201210240861.8	依维菌素与敌百虫复配农药	中国林业科学研究院亚热带林业研究所	汤富彬、胡国文、刘毅华、丁明、沈丹玉、钟冬莲	20120712	20131127
214	CN201110026766.3	高速逆流色谱纯化茶皂素的方法	中国林业科学研究院亚热带林业研究所	费学谦、罗凡、王金元	20110125	20130710

（续）

序号	申请号	名　称	专利权人	发明人	申请日	授权公告日
215	CN201110238612.0	一种具有降血压功能的复方山茶油保健品及其制备方法	中国林业科学研究院亚热带林业研究所	胡立松、杜孟浩、方学智、张金萍	20110817	20130220
216	CN201110234700.3	一种具有降血脂功能的复方山茶油保健品及其制备方法	中国林业科学研究院亚热带林业研究所	杜孟浩、胡立松、方学智、张金萍	20110816	20130123
217	CN201210029727.3	一种弗吉尼亚栎组织培养方法	中国林业科学研究院亚热带林业研究所、东台市通源种苗场、上虞市世纪阳光园林绿化工程有限公司	王树凤、孙海菁、陈益泰、路晓宏、陈雨春	20120210	20130619
218	CN201210144494.1	红豆树组织培养方法	中国林业科学研究院亚热带林业研究所、福建省林业科学研究院	张蕊、范辉华、李朝晖	20120511	20131225
219	CN201110221111.1	区域熔炼装置及用其提纯二十八烷醇的方法	中国林业科学研究院资源昆虫研究所	张重权、陈晓鸣、段琼芬、石雷、陈智勇、王有琼、马李一	20110803	20131030
220	CN201110360569.5	一种漂白紫胶的干燥方法	中国林业科学研究院资源昆虫研究所	陈晓鸣、张弘、陈智勇、郑华、刘国兴、陈军、冯颖、甘瑾、张敏	20111115	20131016
221	CN201110411546.2	利用积温调节干母出现时间提高五倍子产量的方法	中国林业科学研究院资源昆虫研究所	杨子祥、陈晓鸣、黄泽田	20111212	20131009
222	CN201010557124.1	一种土壤定容取样装置	中国林业科学研究院资源昆虫研究所	唐国勇、李昆	20101124	20131002
223	CN201110411512.3	双层塑料薄膜保温棚收集五倍子春迁蚜的方法	中国林业科学研究院资源昆虫研究所	杨子祥、陈晓鸣、张燕平	20111212	20130821
224	CN201110221113.0	一种二十八烷醇的精制方法	中国林业科学研究院资源昆虫研究所	段琼芬、陈晓鸣、石雷、陈智勇、王有琼、马李一、张重权	20110803	20130731
225	CN201110411603.7	盐肤木生长势调控增加五倍子产量的方法	中国林业科学研究院资源昆虫研究所	杨子祥、陈晓鸣	20111212	20130605
226	CN201110130572.8	一种辣木净水剂	中国林业科学研究院资源昆虫研究所	段琼芬、马李一、张重权、王有琼	20110519	20130313
227	CN200910094239.9	一种从辣木种子中提取辣木蛋白质的方法	中国林业科学研究院资源昆虫研究所	段琼芬、马李一、张重权、王有琼	20090319	20130213

（续）

序号	申请号	名　称	专利权人	发明人	申请日	授权公告日
228	CN200910249906.6	一种漂白紫胶微粒回收方法	中国林业科学研究院资源昆虫研究所	张弘、郑华、陈晓鸣、石雷、甘瑾、马李一	20080103	20130123
229	CN201110317977.2	一种从 LiDAR 点云数据中自动提取林分上层树木参数的方法	中国林业科学研究院资源信息研究所	庞勇	20111019	20130904
230	CN200910238509.9	一种分布式空间计算服务节点的构建方法及网关装置	中国林业科学研究院资源信息研究所、中国科学院对地观测与数字地球科学中心、清华大学	张旭、邓广、李国庆、黄震春、李凡、范东璞、于文洋	20091127	20130102
231	CN201110310917.8	含植物蛋白的沐浴露	中华全国供销合作总社南京野生植物综合利用研究院、黎朝森	马世宏、黎朝森、单承莺、孙达峰、张卫明	20111014	20130320
232	CN201010236720.X	一种从食用菌中提取的核苷酸混合物及其制备方法和应用	中华全国供销合作总社南京野生植物综合利用研究院	钱骅、赵伯涛、张卫明、黄晓德	20100726	20130313
233	CN201010243377.1	泡桐树专用肥	中南林业科技大学、湖南省林业科学院	吴建平、吴晓芙	20100803	20131030

数据来源：国家知识产权局专利数据库。